声

たった一度の愛の告白に賭けた声

小山右人著

esthétiques

声

たった一度の愛の告白に賭けた声

1

「話してごらん?」

私は君に向き合い話しかける。君は首を横に振ったきり、頑なに口をつぐんだままだ。しかめ面に空疎な笑みを浮かべると、鉛筆を胸ポケットから取り出し、机上のメモ用紙に書きつけた。

〈話すと良くないことが起こると、もう一人の自分が脅すんです〉

ぽとりと鉛筆を落とすと、一転悲しげに私を見つめた。その眸は異様なまでに澄んでいるにもかかわらず、まるで生気が感じられない。空無そのもの。

こんなに底知れない怯えに、人知れずおののいている人と、私はかつて向き合ったことがない。しかも、理不尽な理由で。

君は、たった一度の愛の告白を、片思いの女性に拒絶されたことで声を失った。それ以来、君の中に『もう一人の自分』が君臨し、声に出して話すことを固く禁じてきた。僭主的な自分は四六時中君自身を見張り、君が一言でも話そうとすると、救い難い不安にまで突き落とす。

君が再びうっかりしゃべって、魂が傷つくことを恐れ、見張ろうというのか? しかし、君のためを思う善意など微塵もない、冷酷な監視を続けている。一言も言葉を発せられない君は、恐怖の檻に閉じ込められたも同然だ。声に出して話すことは、そこまで魂にとって危険な行為なのか? 声だけは、そんなに特別か? なぜ、声だけが?

私の目顔の問いかけにも、君はまともに応えようとしない。むしろ、手こずって困惑している私を鼻で嗤い、勝ち誇ったようですらある。

「絶対君主に服従し、声を潜めて暮らす方が、まだ仕合わせだとでも言いたいのかい?」

が、君は涼やかな笑みを浮かべるばかり。沈黙の面接室には、半開きの窓から皐月の風とともに花々の微かな香が漂い、小鳥のさえずりがにぎやかに響いた。

目の前にいる君を、無謀な君主の呪縛から解放し、言葉がすらすら流れ出るようにする。――それが、私に与えられたミッション。言葉にしてみて、私は妙な引っかかりを覚える。

いったい誰に与えられたミッションだろう？上司のセラピストの指示だから？なぜ君を〈私たちの住む世界〉に引き戻さなければならないのか？そもそも〈私たちの住む世界〉て、何なのだろう？

新参の私にとって、まず自分の足元があやふやなことに戸惑う。そして一方の、君の中に君臨する暴君の果てしない猜疑心に凝り固まった天邪鬼ぶりに困惑し、立ちすくむ。傍若無人のひねくれに、どこから手を付け、懐柔しろと・・・？

先輩でもあり上司でもある棚橋先生は、「まず箸にも棒にもかからないことを経験してみるべきだな」と、私に含みのある言葉を残し、遠ざかっていった。いったい、どういうことなのだ？立ち往生し失った面目を取り戻そうと躍起になっている私を見透かしたように、君は酷い嘲笑を露骨に浮かべる。

「君は、『もう一人の自分』に脅されていると言いながら、実はグルだったんじゃないかい？」

私が厳しく迫ると、意地悪そうな笑みの中にも、深淵の底から救いを求める表情ものぞかせる。今こそ君に手を差し伸べる好機と、私は飛びついた。が、君は私をあっさりはぐらかす。私は失速し、機を失う。

《君の利益にはまずならない、どこまでも底意地の悪い共倒れ君主といったところなのに・・・》

この理不尽さを、「箸にも棒にもかからない」は意味するのか？いや、所詮何を試みても無駄だと思い知れと、字義どおり言っただけのことか？ならば、この仕事に意味がないし、自らをさえ否定することになってしまうではないか！

私は一念発起、

「君を脅かす敵は、飴もくれずに鞭で嚇すばかりの、付き合って何の得もない暴君なんだよ」

と、一歩踏み込み攻勢をかけてみる。しかし、〈もう一人の自分が、かえってひどく脅すんです〉と、君は私に対する怒りの文字を荒っぽく書きなぐり、逆に依怙地に内へ籠る羽目に。どうやら、真正面から口説き落とそうとする試みは、敵にとっては、かすりもしないどころか、むしろ利する結果になるだけだと思い知らされる。

午後、私たちは中庭の芝生にいた。日光浴と、運動不足解消と、ゲームによる気晴らし。初夏の風の中で、君は、他の様々な境遇の若者たちとさりげなく戯れ、今まで見せたこともない、ごくありきたりの笑みさえ浮かべていた。ただ一つ、完璧な沈黙を守ったきり。

《もしや、牢の番人も、まどろむ気配は読み取れはしないか?》全く新しい局面に、私は山気をそそられた。

「そら、皆と一緒に、こんなに楽しめるじゃないか。皆、君の味方で守ってくれる。そっとこちらへおいでよ」

と、目一杯友情的な笑みを浮かべ、君を誘い出そうとした。君は微笑み、こちらへ歩み寄ろうとする。が、次の瞬間、影のようなものが私たちの間を過るのを見たような気がした。君は、たちどころに表情を曇らせ、怖いほどの形相で私を睨み付けた。

〈こっそりだまそうとしたから、ものすごく怒っています〉

と、皺くちゃのメモ用紙に書き付けた。もう一人の自分の隙を突いて、君をそそのかした罪は大きいらしい。反動で、君が手も届かぬほど深く敵の陣中に囚われていってしまう感じがする。

生温かな風の中に取り残され、私は、投げ遣りな手つきで青々とした草を抜き、その茎を口に含んで噛み砕いた。渋い味が舌に沁みた。と、なぜかまばゆい午後の光の中に、これまでの流れとは矛盾した幻想が生まれる。

――私たちが属する圧倒的多数の国から隔たり、絶対君主が君臨してはいるが、人々が幸福に暮らす王国。誰もが声を潜め、糸電話のようなささいな交信手段だけが許された王国。若く繊細な男女が赤

い糸で結ばれた素朴な紙筒を手に密かに愛を伝え合い、そして誰も傷つくことのない幸福が、それでも一杯充ちた王国。・・・

久しぶりに羽を伸ばしている君を見ながら、突飛なことを想像している自分は、どこに迷走し出したのかとも思った。が一方、そんなお伽話めいた国が存在したとしてもおかしくはない気がしてきた。君が住む王国は、あまりに個性的で孤立している故に見捨てられ易い。そのせいで、君は、私たちの国で、窮屈な思いをしているだけなのだろうか？まだ始まったばかりの無謀な冒険は、核心からは程遠い幻想を掠め取ったに過ぎないのだろうが・・・。肝心の君は、煮え切らない間を悟ったものか、相変わらず口を一文字に結んだまま巧みに他の若者たちと戯れ、もう私には目も向けようともしなかった。

2

結局、君からせめて一声引き出そうとする試みが全てはぐらかされてしまった一日に、腹の底に淀んだ重い息を吐き出すと、私は帰宅の途についた。君が身を置くセラピー専門の建物、「癒しの家」が、陽が傾きかけた空を背景に黒々と聳え、のしかかってくる。

《君を脅かすもう一人の影は、こんな威圧感で、君臨しているのだろうか？　私もついにはこの脅威に屈し、棚橋先生が言うように、敗北を認め続け、自分をごまかして生きていく未来しかないのか・・・？》

電車から降り、大都市の雑踏に紛れても、したたかな君主との駆け引きの名残りが、後味悪く尾を引いていた。

《あの曲者、どこから攻略してくれようか！　しかし、裏の裏どころでない、高次元方程式の罠を仕掛け、手ぐすね引いて身構える暴君との駆け引きに、うっかり没入してしまったら、一体どこまでこんぐらからされてしまうだろう・・・？》

夕陽が射し、茜色に輝きだした高層ビルの奥に、無残に砕け散る未来を見た気がした。が、街に幻想的な光が溢れると、ようやくしこった思いもほぐれ始め、想像の断片も時空を超えて羽ばたきだした。

林立する高層ビル群の間にある大理石の池と噴水が、黄色い水仙の花が咲き乱れる静かな池に変貌するのを垣間見ると、私の思いは、ナルキッソスとの愛に破れ、声だけの存在になってしまったエコーの側にあった。いつの間にか、目の前の現代社会からも切り離され、愛と声に切ない命を賭けた、かの物語世界を歩んでいた。高層ビルの重なりの奥から、哀しげな太古の愛の木霊が反復し聞こえる気配があった。クジラの声は、数百キロ以上の海中を隔てて届くそうだが、私は、はるかな時間の距離を渡ってきた声を聞いた気がした。

思うとより感覚も澄み、霧の立ち込めた海で、岩礁の上から発せられた精霊の歌声が船乗りたちを魅し、船を沈めその命を次々に奪っていったという、さらに別の神話の情景も浮かんできた。それほどの歌声に聴き惚れてみたいものだとも思ったが、今の私にとっては、君の一声こそが、その歌声にも匹敵する声だと思い知らされた。

ターミナル駅周辺の雑踏に溶け込み、歩道橋を越え、盛り場に紛れようというとき、普段なら気にもならない一隅にひっそり建つカフェが、目に止まった。黒の窓ガラスに銀色で簡素に店名が書かれている。カフェ「オイディプス」。その名前にも、妙な引っかかりを覚える。自ずと足はそちらに向かった。

静かに自動扉が開き、薄暗い店内に入ると、意外にも客が多く、空席を見つけて柔らかな椅子に身を崩した。ぼんやり天井を仰ぐと、花園を男女が飛び跳ね、恋人同士が露骨に抱き合う姿を描いた絵がある。それらの楽しげに舞う恋人の一方で、氷河期の洞窟奥深くに埋もれ震えている「癒しの家」の君の姿を、一瞬思い浮かべてしまった。

君を、その氷の中から救い出せないのは自らの勉強不足のせい、と罪責感も湧いてきて、鞄からセラピーの専門書を引っ張り出して繰り始める。が、固い文章を読み進むうち、逆に、きょうの散策で生まれたせっかくの想像が殺されてしまうような気がして、本を閉じ投げ出した。その間に冷めかけてしまったコーヒーをすすると、虚ろな眼を天井に向け、思うにまかせた。

カフェの隣席では、旅の計画、商品の販売戦略、英会話のレッスン・・・と日常茶飯の会話が入り乱れていた。が、自分の思いは、ずいぶん隔たった所に彷徨い出したものだと、思わず溜め息が漏れた。

「ちょっとお話を伺ってもいいですか?」

どれほど思いに耽っていただろう、客席から立ち上がって、話し掛けてくる者がある。見上げると、私と同世代の男が佇んでいた。テーブルの上に投げ出しておいたセラピーの本に目を遣りながら、心許なげに私の反応を窺っているので、《もしや・・・?》と私は疑ってかかった。この仕事に就くことが決まって以来、街中で、近所の知人からふいに相談を受けることがあったので、その類かという思いが過った。

「どうぞ、お掛けになって」

彼に、正面の席を勧めると、か細い体を心許なくひねり、私の方に上体を乗り出す格好で腰を下ろした。分厚い眼鏡の奥からこちらに向ける眼差しは鋭く、息苦しさを感じさせる。彼は杉原といい、二十八歳で、難関の理系大学を卒業後、スーパーコンピュータを扱う専門職に携わっているという。

「機械ばかり相手にしているせいでしょうか、最近、私は自分自身を見失ってしまったんです。でも、気付いた時には手遅れで、友達も家族すらも、遠く隔たってしまっていました。・・・その本が、向こうの席から目に止まった時、心に溜まっていたものが一気に流れ出すようだったんです。もう思い切ってあなたのご相談するしかないと」

彼は、控え目ながら、思いを込めて切々と語った。

《やっぱり飛び込みの相談か、調子のいいタダ乗りのカウンセリング依頼か・・・》一方私は、溜め息を吐きながら、どの辺で適度にお茶を濁してけりをつけようか、早くも考え始めた。が、どこか「癒しの家」の君の面影も宿すと同時に、かつてのクラスメートにも何人か似た風貌の存在を思い出したこともあって、もう少しだけ話しの先を聴いてみようと思った。

「近頃は、人工知能とか、コンピュータにも心が宿るかとか、盛んに議論されていますが、あんなの、興味本位に過ぎない。奴らは、あくまでも機械に過ぎません」

押さえた調子から一転、彼が憎らしげに感情を露わに言い出だすところが引っ掛った。

「ああ、お気持ちはよくわかります。今のハイテク社会にはありふれているくらいだ。きょうは時間がありますから、お話し相手くらい、お安いご用です」

私が言うと彼の表情が緩み、肩の力がふっと抜けるのがわかった。

「コンピュータに疲れきって擦り切れた人間とか、入り込み過ぎて戻ってこれない人間とか、いくらでもいるでしょう?」

「それは、避け難い時代のせいで、多かれ少なかれ誰でも感じることでしょう」

彼は私のありきたりの返事に、無駄話をさせて済まなそうな表情になり、俯くと眼鏡の縁を擦り始め、何やらためらう様子だった。が、ようやく気持ちが固まったか、眼鏡をかけ直すと、正面から向き合った。

「だけど、ぼくの場合、こんな形でしかご相談できない切羽詰まった状況に追い込まれてしまっていました。実は、コンピュータの奥から声が聞こえるんです」

「声が！」

私は、雷に打たれたように身を仰け反らせた。彼も、私の反応に驚いた様子だった。

《声が！よりによって、声だなんて！》

束の間、私の思考は空回りした。しかし、戸惑って砕けた分話しやすくなったのか、彼は開いた私の心めがけ、打ち込むように言った。

「最近、コンピュータに向かった時だけ、その機械の心臓部とも言うべきハードディスクから、自分を中傷するような声が聞こえてきて。これはもう幻聴にちがいないと、怖くてたまらなかったんです」

「ああ、それはもうお話を伺うしかありませんね。私でお力になるのでしたら、精一杯やってみましょう」

私の変わりぶりに、彼の表情がさらに緩み、心を預けようとするのがわかった。

「どんなに救いになるか知れません。ぼくを脅かす敵の正体すらわからなくて、一人で震えているだけだったんですから」

《これはまた、難解複雑な敵を解き明かすための手土産を携えたもう一人の入り組んだ敵が、わざわざ向こうからお出ましになったのかもしれないぞ！》

私は、何ものも拒めないほど驚きと好奇心に心が戦き出すのに自分でも呆れ、彼にも寛大になった。

自ずと彼とは毎週、同じ時刻にこのカフェで会う約束をしてしまった。

3

私が帰宅したとき、普段の時刻をだいぶ過ぎていた。初めての出産予定日を間近に控えた妻は、固い表情の私を訝かり、窺う様子だった。忙しない時期でも、妻のこと、私の心を占めている問題の範疇に、おおよそ勘を働かせたはずだ。

「きょうは一日、声に振り回されっぱなしだったよ」

私は試すように言ってみた。

「声に・・・？」

さすがに妻も、私がいきなり切り出した話の突飛さに、面喰らう様子だった。しかしもう、私にはこと細かに説明する気力も残っていなかった。

「声といえばね、最近、お腹の中の赤ちゃんの声が、時々聞こえるような気がするの」

「カオリまでがそんな・・・！」

妻は機転を利かして言ったつもりだったろうが、私には、もう一度衝撃を食らったら、息が止まるほどの急所に命中する言葉だった。

「いったいどんな声が聞こえたってんだい？」

私の反応に、妻もいささか驚いたようだった。

「他愛のない声よ」

私をなだめようと、気遣いが伝わってきた。

「何か言葉をしゃべったの？それとも叫んだとか？」

私の気持ちは、易々とは収まらなかった。

「ムニャムニャ、とか、そんなものよ。あ、それから、パパ、とか、ママ、とか。あなた、父親になるのよ、しっかりしてくださいね」
妻に言われ、私はハッとなった。眼前を閃光が過るのを見た。
《この自分が、父親に・・・！》
「そうか、父親か」
「そうよ。きょうのあなた、どうかしているわ。疲れているのじゃない？」
「いや、大したことはない。だけど、さすがに面食らって、ちょっと目が回ったよ・・・」
私は苦笑いを浮かべながら、着替え始めた。頭の中では様々な声が木霊し合い、相殺し合い、ついに「パパ、パパ」とだけ叫ぶ声になって響き合った。蹲る胎児の顔まで一瞬過ると、なぜかカフェ「オイディプス」の名前に鈍いこだわりを感じた時の怖気が肌を駆け抜けた。《父なるラーイオスを知らずに殺して母イオカステーと結ばれ、自らの目をえぐったオイディプスの悲劇。そんな悲劇の誕生に、いつの間にか怯えていたなんて》私は、思いっきり頭を振って、ありったけのものを払おうと試みる。が、案外粘り気強くまとわりついてくる観念だったと思い知らされる。《いや、なに、声変わりや思春期の性徴の変化を潜り抜けてきた身にすれば、恐れるに足りないことじゃないか。自分の身体が変質するわけでもなし・・・それにしても、またもや声変わりとは！しかし、オイディプスがついに退治したスフィンクスの謎掛けの条件はまず、「二つの声をもちながら、」だったよな。そして「朝は四本足、昼は二本足」と続いていく・・・》
遅い夕食の後、私は膨らみを増した妻の腹に手をかざし、その表面をそっとさすってみた。――時折、確かに新しく生まれてくる命の小さな動きが伝わってくる。沈黙したままだが、懸命に感情をぶつけようとしているふうにも感じられる。
《パパ、パパ、と、恨みがましく蹴りつけるなよ。命を与えた父親が、そんなに憎いか？・・・》
すると、なぜか手をかざした先に、君や、カフェで話しかけてきた青年の顔が過り、何やら口をパクパク動かす気配だった。《何？何だって？生まれてから先が、怖くて、怖くてたまらないだって？》小さな命の塊が、君と青年の顔と重なり、怯える種子となって不安を訴えてくる。私は思わず身を乗り出し、声を掛けたい衝動に駆られた。

「どうしたの、あなた？ 今夜、やっぱり少し変よ」

妻に訝られるのも仕方がなかった。否定はしてみたものの、次々に得体の知れない「声」によって皆つながり、その輪の中に低い唸りが響くのを聞いたような気がした。《自分は何かに憑かれている》呟いてみて、ひやりとなった。

この先の想像もつかなさに、気が遠くなる思いの私をよそに、胎内の生き物は眠りに落ちたのか、最早、動きは伝わってこなかった。掌に、その果てしない夢が広がり出すのを初めて実感し、感電したような驚きを感じると、私は、茫洋とした未知の宇宙空間をさすらう、心許ない旅に出たばかりなのを悟った。

4

翌朝、眩しい陽光が射し込む面接室で、私は昨日のもつれた思いも吹っ切れ、真っさらな気持ちで君と向き合おうと、待ち構えていた。が、俯いてふらりと現れ、上体を斜めに傾げたまま椅子に腰を落とした君は、涎も垂らさんばかりに口を半開きにし、皮膚もたるんだ驚くほど空虚な表情だった。

私の気持ちも、一転、掻き曇らされた。

「昨日の午後は、あんなに楽しそうだったのに、何かあったのかい？」

君は胸ポケットから、世界と唯一、つながりを保つ鉛筆と、皺くちゃのメモ用紙を取り出した。

〈もう一人の自分が、ぼくをがんじがらめにして、もっと奥に閉じ込めてしまいます〉

君は、そこまで書くのが精一杯で、鉛筆を持つ手をだらりと落とした。私は、君の内面が、暗黒の雲に覆われていく気配を悟った。

「怖かったり、苦しさに耐えられなくなったら、遠慮なく、早めに言ってくれ。なんでも手助けするし、あらゆる手段を君は選択できる」

怯え顔の君に身を乗り出した私に、君は、いかにもそういう類いの話とは違います、と言わんばかりに息を吐き、首を横に振った。

「これからいったい、君の中で何が始まろうとしているのだい・・・？」

それがわかってもらえないのが辛く悲しいと言わんばかりに、君は首を大きく振った。力失せた君の目の空無の深さが、これまでなかった出来事の始まりを告げていた。

私の漠然とした予感が、まさか現実化しつつあるのを目の当たりにしていたのだろうか？ 内面の探求者にしたところで、そんなに思い詰めた姿勢を取り続けはしないだろうに、筆談すら拒み、ほとんど丸一日、食堂ホール片隅の陽だまりで、君は身を硬直させ蹲って過ごすようになった。

「一日中、そんな恰好で、苦しくない？気分は、大丈夫かい？」

声を掛けた私に、君は筋張ってたわんだ背をピクと震わせ、重たげに頭をもたげた。辛うじてこちらに向けた眼は虚ろで焦点も定まらない。あまりに何かに集中し過ぎ、締め忘れた唇からは涎も垂れっぱなしで、床に小さな水溜まりを作っていた。

「体の具合でも、悪いのかい？何を願って、そんな姿勢で集中しているのか、教えてほしい」

強張った体が乾いた音立て、動きだした。君は、ギクシャク機械人形のような仕草で、ようやく近くにあった紙片に手を伸ばすと、

〈惑星のジージオルジが、いよいよ結婚できるか、大事なところなんです〉

と書き付け、苛立たし気に大雑把な二人の人物像を描きなぐった。《え、どういうこと？》いきなりの話に面食らっている私に、君は呻いて力を振り絞り、書き加えた。

〈誰にもじゃまされない惑星〉

「え、惑星だって？・・・誰にも邪魔されない？」

辛うじて与えられた一言に、かえって謎が深まるようだった。戸惑う私に、君は一瞬、吸い込まれるような憧れの眸の輝きを浮かべてみせた。地獄のような現世から、天国に唯一救いを見いだした人が、天上の彼方に視線を注ぐ時のそれだった。

「ああ！もしかして、もう一人の自分にさえ邪魔されない遠い彼方の惑星？」

私の問いかけに、君は見違えるほど力強く頷き返した。反応を頼りに、閉ざされた君の内面で展開している物語に、さらに探りを入れていく。するとどうやら、もう一人の自分に行く手を阻まれ広がりだした君の奥深い宇宙空間に現れた新たな惑星は、どんな残忍な牢の番人ですら手の届かない、馥郁とした幸のみに溢れた君の理想郷でもあるらしい。

同時に、この前、私は芝生の陽だまりで、赤い糸で結ばれた糸電話だけで交信し合う似たような惑星

を思い描いたことを思い出し、驚いた。

が、一方で、相も変わらず君が、さらにわけのわからない世界に遠ざかってしまう目眩を覚える。これもやはり、「箸にも棒にもかからない」になってしまう兆候なのだろうか？

そこでは、新たな主人公の愛に賭ける場面が、最大の山場を迎えようとしているところだった。その熱い情景に浸っていた君は、息を殺して成り行きを見守っていたのだ。現実と遠い惑星との二重生活。私の眼前に、君の宇宙がより複雑に、しかし、情景が目に浮かぶように広がりだした。

〈頭の中がお祭りみたいで、カッカしてる〉

私の理解に少し力を取り戻した君は、鉛筆を持ち直すと、紙片に書き付けた。字が踊っている。遠い惑星の人物とは、どんな表情をし衣装をまとっているのだろう？そして、どんなふうに愛の告白を・・・？

「うまく行くといいね。ジージオルジが住む惑星の人々は、汚れた地球とは違って、さぞ美しく、優しい言葉と気持ちの中で、自由に暮らしているのだろうね」

話題は、避けて通れないところに差し掛かっていた。君には耳触りなことかもしれないが、私には、案外君の世界へもう一歩踏み込めるきっかけにも感じられた。そこで、私は単刀直入に訊いた。

「その惑星でも、きっと人々は皆話し、言葉で気持ちを伝え合うのだろうね？」

が、君は呆れ顔になり、〈もうじゃましないでください〉と、怒りを露わにした手で紙片に書きつけると、鉛筆を放り投げ、両膝の間に頭を埋め、頑なに身を強張らせてしまった。私は、君との大きな隔たりを感じた。

「自由な惑星の主人公は、きっと君の理想を生きているはずだ。君も、彼と一緒に幸せになれるといいね。いや、きっとなれるはずだ」

私は君の背に声を掛けるのが精一杯だった。が、私に向けた怒りと拒絶を露わにしたその背の頑なさに、なす術もなかった。私は君の傍らを離れ、見守る他なかった。

5

君との対話が完全に途絶えた。私自身の時間も停滞し、何もかもが動きを止めてしまったように感じられる、まさに、八方塞がりの状況。

——問いかけても返答なし・・・同じ硬直姿勢を保ったまま、ほとんど瞬きもせず、鋭く一点に集中し続ける・・・日々衰弱が進むが、意に介さない。点滴で、水分と栄養を補給している状態。

セラピーのカルテにも、君の単調な様子を記載する文面が連なった。


一方、外界では時は淡々と過ぎ、例の杉原という男に会う日が訪れた。彼の、何やら抱え込んだ難儀な話しを聞く面会が、むしろ重苦しい空気に風穴を開けるきっかけにすら感じられるのが妙だった。

彼は、すでに待ち合わせ時間よりだいぶ前からカフェに来ていたようで、コーヒーカップは空で、論文らしいペーパーと小型パソコンを開いての仕事にも、進捗した様子が窺える。

「お待たせしてしまったようですね?」

探るように問いかけると、

「いいえ。勝手に早く来ていたんです。ぼくの仕事は、どこでもできますから」

と、さりげなく答えはしたが、相当に逸る気持ちがあることまでは、隠しきれなかった。相変わらず眼光は食い込むように鋭いが、初対面の時に比べ、心を開いてべったり人に張り付こうとするようでもある。基本的に、人懐っこく甘えん坊なのかもしれない。そこまで見透かせると、私も、腰を落ち着けて話しを聴き易くなった。

「どうですか?その後、声の方は」

すんなり話題の核心に入っていった。

「ええ、相変わらずです。お話を伺ってもらえそうになってから、むしろ勢いを増した観すらあります」

さすがに彼の顔は強張り、その言葉を書き留めてきたというノートを鞄から取り出す手にも、緊張がこもった。私はそれを受け取り、ざっとページを繰って見渡し、早くも息苦しくなるものが紙面から湧き上がってくるのを感じた。書きつけられた文字自体すら異質に感じられる、何かただならぬ空気が押し詰まっていた。

〈おまえは、未だに生きる価値すら見いだせない、格好だけのエリート社員、裸にしてみりゃ、自堕落な人間そのまま。・・・そういえば、名刺に書ける、ほら、お前みたいな人間がありがたがり、崇拝すらしそうな肩書きさえなくて戸惑っていたよな?実のところ、ぎりぎりの面子も保つ術もない、生ける屍同然。その姿をもろに鏡に映し見ることなど、怖くてとても出来やしない。まあ臆病が幸い。しかし、うっかり見てしまう事故もあるから、気をつけろ!そのとたん、叫び発狂する!〉

〈滑稽なことに、おまえは頭がいいと自惚れている。単純な計算はもちろん、名誉が掛かった論理思考すら、こっそり機械におんぶしようとしている有様なのに・・・。そのくせ、乾いた機械といざ相対すると、もう恥も外聞もなくなるのをいいことに、獣にも見せはしない一方的な、傲慢丸出しの操る態度を露わにする。その使い勝手の良さに馴染んでしまうものだから、恋人にまで同じ態度を取ろうとし、ああ・・・その悲劇的、かつ喜劇的結末ときたら!もし私が笑えたら、壊れるくらい大笑いするだろうよ。ギュイン、ギュイヨン、ギャ～(金属を引っ掻くような音)〉

〈おまえは、あんなに莫迦にしていた父をすら越えることができず、屈辱まみれになるしかないんだ。実直な田舎者の集大成は、浮ついた都会人間の見かけ倒しの業績など、一蹴するほどの重みがあったことに気づかなかったとはな！　要は、おまえなんか、世界に、小さな染み一つ残さず消えていく、炎天下のアスファルトを這いずり回る蟻に過ぎないってことだよ。まあ、潔いと言えば言えなくもないが〉

〈楽しければそれでいい。面白ければそれでいい。興味の赴くままに突っ走っていればいい。しかし、そのうち地獄に突っ込むのは必定、さあ、どうする？〉

「どうですか？　こんな言葉が聞こえてきたら、もうコンピュータの前になんてじっとしていられなくて、つまり、もうどこにも自分の居場所を見出せなくなっていたんです」

最初のページに返って、じっくり読み始めた私に、彼は訴えかけるように言った。

「うーん」

私は深く頷いたきり、彼に何と答えたものか考えがまとまらなかった。

「これらの声は、本当にコンピュータのハードディスクから発しているものなのでしょうか・・・？」

ノートの紙面に目を落としたまま、辛うじていちばん気がかりだったことを、ようやく呟くように答えた私に、「はっ？」と息が詰まったような声で、彼が訊き返した。

「と、言いますと・・・？」

そう付け加え、私を凝視した彼の表情の恐ろしさは、こちらの脳髄を穿つようにも感じられたほどだった。

「いえ、ただ、コンピュータからの声にしては、あまりに人間臭い言葉の気がしたものですから」

しかし、その一言が、私を凝視していた彼の心に、思いがけない一撃をもたらしたようだった。彼の中で何かが崩れ、それが徐々に身体にも現れてくるのが見て取れた。肩から力が抜け、表情がどこか悲しげに歪んでゆき、しまいには首を落として頭を抱え込んでしまった。頭を掻き毟る彼の体全体が、小刻みに震えていた。もしや彼はすすり泣きだしたのでは、と訝ったほどだった。

「今日のところは、もうこれ以上、お話するのには耐えられない気がします。気持ちを整理して、また来週お会いできますか？」

頭を上げ、こちらを向いて訴えるように言った彼の目は、泣き腫らしたように赤く充血していた。

6

突如、事態が動き出したのは、それから数日経った時だった。君の内面の出来事が熟すのを待つ他なく、私が静かに面接室で本を読んでいる時、足音もなく扉の外に人の気配があった。ふと目を上げたとき、誰かが倒れ込むような仕方で扉が開けられ、そのまま人影が崩れて部屋の中に突っ込んできた。

床に頭を打ちつけそうになるのを慌てて助け起こすと、それは、痩せさらばえた君だった。凝縮したままでいたせいで、すっかりしゃちこばった関節を、油の切れた機械みたいに軋ませもがく君を抱き支え、私の前の椅子に座らせた。頬が落ち窪んでいる分、異様な鋭さが際立った眼で、何か切々と訴えたそうに凝視する。肩でする、荒い息が痛ましさを増幅させた。

「何があったんだい？」

君は、懸命に何かを伝えようとしている。痩せ細った手にかろうじて鉛筆を持つと、一字ずつ力を振り絞り、一文を書いた。

〈結局、ジージオルジは結婚できなかった〉

君は、感情すら融け崩れた、眼窩からゼリーが流れ出しそうな眼で私を見上げた。希望を支えてきた最後の支柱まで、解け崩れ、流れ去ってしまった悲哀が浮かんでいた。

「君と、憧れのジージオルジと同じ境地に達したわけだ。これからは、一緒に闘えるのじゃないか！」

励ますつもりの私自身の言葉の支離滅裂ぶりが、自らの動揺の激しさを物語っていた。が、それよりはるかに二重の痛手を負った君の苦悩ぶりが、辺りを深々と領した。痩せこけた身体から発する荒い呼吸の笛声が、哀れげに響いた。

「あんなに期待していたのに、いったいなぜジージオルジの愛は実らなかったんだろう？」

私は、同情の気持ちを目一杯込める思いもあって、あえて投げ出すような口調で言った。が、君の反応は思いの外敏感で、憤りも露わに鉛筆を握り直し、書きつけた。

〈もう一人の自分が邪魔したんです〉

「え、どうして? 遠く離れた惑星なのに?」

私は思わず声をあげてしまった。君は最後の力を振り絞るように鼻息を荒げ、

〈惑星の絶対君主が、もう一人の自分〉

と、憮然とした表情で紙片に書き付けると、もはや救いはないと、悲壮に充ちた目を私に向けた。

「はるか彼方の惑星にまで、絶対君主の権力がはびこってしまった! 事がうまく運びそうになると、もう一人の君が、ぶち壊してしまうんだね」

〈これがぼくの人生です〉

大きな溜め息混じりに書き付けると、君は鉛筆を弱々しく投げだし、窓の外を見遣った。これほど、現世のあらゆるものと手を切り、遠い境地に佇む人の顔を見るのは初めてだった。〈声〉と深く関わると、人をそれほど遠くの境地に運んでいくものだろうか? 経文を唱えながら、悟りのはるか高みの境地に達する修行僧を重ねて思った。私の少ない人生経験の中では、静かに息を引き取っていった祖母の臨終の顔を、ふと思い浮かべたほどだった。

7

「胸の内をさらけ出した結果、こんな酷い仕打ちを受けるなんて。敵の秘密まで、世間に大声で言いふらしてしまったようなのが気に食わなかったんでしょうね。『声』の奴、ここ数日、ぼくを嘲って、ワンワンと攻撃を仕掛けてきたんです」

先週の報いも酷かった。が、それを告げた途端、杉原は顔の輪郭が歪むくらい表情をしかめ、両耳を掌で塞いでカフェの柔らかい椅子に蹲った。悲惨な画の一情景になると、余計な想像を喚起しそうな姿だった。事情を知った私は悠長な想像を挟む余地もあったが、周りの客が不審がるのを案じ、

「また声の仕打ち？」

と、殊更日常の出来事でも問うふうに訊いた。彼も、何か思案する素振りの姿で応じ、小刻みに頷き返した。数分も経って、ようやく平静を取り戻したのか、彼は両耳から手を離すと、グラスの水を一息で空け、

「ふう」と息を吐いた。

「声の奴は、最近とくにしつこい。こんな調子ですから、食事も満足に摂れなかったんです・・・」

先ほど、三十分余りも遅れてカフェに現れた彼は、面接室に倒れ込むように入ってくるときの君の姿を髣髴させた。髪を梳かした形跡もないくらい乱れっぱなしで、シャツの襟もだらしなく開き、服装全体もゆるんでいた。無精髭の頬が落ち窪み、彼を際立たせた最初の穿つような眼光すらない。

「それは大変でしたね」

「元はといえば、皆、自分の無能のせいなんですから、仕方ありません」

「はあ？無能のせい？」

私には、杉原が何かに直接触れることを恐れ、話しの筋を意図的に逸らそうとしているふうに感じられた。

「そんなふうには見えないし、実際、違うじゃないですか？」

「いいえ。例えば、ライバルの中には、トントン拍子で成功して、情報産業会社の大物社長になり、主治医付きのプライベートジェット機で世界中を飛び回っている奴さえいるんです」

「あなただって、有能な技術者じゃないですか。他人を羨んだら、きりがない」

「いいえ、ぼくは、このままじゃ終わりたくなかった。コンピュータの計算とプログラミングばかりじゃ、なんのために生まれてきたのか分からない。自ら画狂老人と号した葛飾北斎のように創造的な道に没頭するならともかく」

「へえ、あなたが、画家の北斎を憧れの対象に引き合いに出すなんて、思ってもみませんでした」

「そうですか？天才画家とか芸術家の自由な発想とか奔放な生き方、悲劇的な人生も含めて、強い憧れを感じるんです。才能がないので、ぼく自身の実現は無理ですが、潜在的な羨望は、ものすごく強いです。そこへいくと、コンピュータなんて、味気なくて、どんなに性能が良くても、しょせん機械に過ぎませんよ」

「声の攻撃は、軽蔑とまではいかないまでも、まさか、と思っていた無機質な部分からだっただけに、ショックも大きかった？」

「まさに、図星ですね。しかも、ぼくの弱点を狙うその性分からしても。こんな機械の奥にも、太古の日本の深林に潜む魔女すら及びもつかぬ女が巣食って、叫び出すとは。あいつの仕業にちがいない！気をもたせておきながら、結局はぼくをずたずたにした女。あの狡猾極まりない女の地獄からのとどめの嘲笑を聞いた気がしました」

「何か訳ありという雰囲気ですね・・・相当重い怨みがありそうな？」

彼が身を硬くし、一瞬腹の奥の触れられたくない秘密でも庇おうとする仕草が見られた。先週、彼が話し掛けて泣き出した秘密の核心も、この辺にあるか？

「ちょっと調子に乗ってしゃべり過ぎてしまったかもしれません。しかし・・・事情を詳しくお話しする前に、ご覧いただきたいものがあるんですが・・・」

彼は、鞄を開けたり閉めたりしばらくためらった末、ようやく中から薄っぺらなつづりを引っ張り出した。これまでの彼からは予想もつかない、スケッチブックらしかった。

「北斎の話しにしてもそうですが、ぼくが絵を描くなんて、意外でしょう？　いえ、特別な野心があるわけじゃなくて、今の自分を素直に鏡のように表してみたくて試みただけなんですが。だけど、それにしてもどうです、この拙なさ？」

とは言いながらも、絵を褒めてもらいたい気持ちも透けて見えた。開いたページには、ぬいぐるみのタヌキの輪郭をなぞっただけのような絵があり、北斎に憧れているという口ぶりの者の絵とも思えない代物だった。

「中学生の頃、全然数学が出来なくて、でも、今や人気画家になっている同窓生に見てもらったところ、かつての劣等感を晴らすように散々けなされ、おまけに望んでもいないのに、絵の道は絶対に諦めろとまで言われてしまいました」

作り笑いでごまかしながらも、彼の言外の憤りと失望ぶりに、私は危うさを感じたほどだった。励ませそうなお世辞の言葉も見当たらないのが無念だった。

「だけど・・・なんていうのかな、このぬいぐるみみたいな絵の中に、あなた自身が全部隠れてしまっていて、未だ表現されていないような気もするんですけれど」

苦しまぎれに呟くと、彼は、案外素直に向き直った。

「はあ！　まさにぼくの痛いところを突いてきますね」

「そうですよ。まだ、あなたが見たこともない自分が、この『袋』の絵の中に閉ざされてしまっている。汚ない自分とか、いやらしい部分かもしれませんよ。でも、それを、未だ見ていないのに、他人の劣等感の憂さ晴らしに左右されるなんて、おかしいじゃないですか？」

「よくぞ言って下さいました！・・・とはいえ、この殻からどうやって抜け出せばいいものか・・・？」

彼の眸が最初に比べ息衝いている。思いつきでも言ってみるべきものだ。

「どうやら、この次お会いするときまでの目標ができましたね。この閉じた袋から現れるあなた自身は、どんな姿をしているのでしょう？　今から楽しみでなりません」

私は言って両腕を大きく広げ、白鳥さながら羽ばたかすようにしてみせた。

「ちょっとワクワクもするけれど、怖い方が大きいな」

反対に彼はむしろ両肩をすぼめ、心許なげに言った。

「絵描きになるかどうかはともかく、強い絵心を感じました。今のあなたの導き手になるかもしれない。ちょうどいいタイミングで、近々画家のカラヴァッジョ展が都心の美術館で開催されますから、次回はそちらへ一緒に行ってみましょう。繊細と過激の両極端を持ち合わせた、まさに今のあなたに相応しい」

「繊細と過激、か・・・」

8

私はここまで、もっぱら君と、君の声を制する内なる絶対君主との格闘ばかりに囚われてきた。しかし、「癒しの家」で一緒に暮らす人々も、君から発する空無な不可思議さに、引き込まれずに済むはずもなかったのだ。私は、君が思いがけない存在となって威光を放ち始めているのを知って、迂闊だったと新鮮な驚きを覚えた。君と杉原のことが、まるで符合したように、機を一にして地滑りさながら大きく動き出す気配であるのも悟った。

君が筆談に用いた紙片を、同居者たちが競って求めるようになった。

〈しゃべるとまずいことになるんです〉

〈もう一人の自分が今日は良くないことが起こりそうだからベッドで寝ていろと言う〉

〈火星に人が住めるか一日中ずっと考えていたんです〉

そんな紙片を手にして考え込む人、自分の一日の占いに使う人、互いに見せ合って微笑む人・・・。

無を暗示する君の眼光、究極まで痩せ細った禁欲の象徴的身体、普通の精神を超越した頑なな沈黙、それらが兼ね備わった君が、神聖な威光でも放ち始めたものだろうか？紙片の人気は日毎に高まる一方だった。君のベッドの傍らにまでこっそり忍び込み、紙片を盗み取る輩さえ現れる始末だった。

さすがに注意の貼り紙がされたが、むしろ逆効果で、君の痛切な体験を背景に書きつけられた言葉なのだと、皆に知れ渡るきっかけになってしまった。紙片の奪い合いは加速された。

思いがけないところから注目の的となった君は、戸惑いこそすれ、悪い気はしていない様子だった。が、私は注意深く見守った。少なくとも遠い惑星でのつまずきを癒す力にはなってくれるかもしれない。もしかして、もう一人の自分に見張られるまでになった深い痛手すら、薬に勝るとも劣らない力で癒されはしないか？だが、希望が膨らむと、あの「箸にも棒にもかからない」という、のっけから私に負わされた呪縛が迫り出してくる。しかし実際、紙片を懇願されるまでになったとき、食べるのを拒み、寝たきりだった君が起き出し、一人で食事を摂るようになり、皆を驚かせた。私は、期待の方に傾いた。


食堂ホールのテーブルを囲み、人だかりができていた。君が書いた三枚の紙片を並べ、人々が思いつくままを言い、論じ合っていたのだ。その傍らには、笑う者、考え込む者、好奇心に目を輝かす者が、さらに層をなしていた。私も輪の中に首を突っ込み、窺った。

〈彼女のきつい言葉のせいなんです〉

〈声に出してしまったものは消せない〉

〈書いたものは消せるんです〉

人々は、机上に並べられた紙片に連想を働かせ、断片を膨らませて勝手に物語の一場面を作り上げ、その奇異さ、珍奇さを競い合い、笑いを発した。無為に陥りがちな同居者たちの生活にも張りが生まれた。

私も、君の会話の断片が、恋愛小説の男女の危うい場面や、怪奇小説の憑かれた主人公のセリフに変わっていってしまうのに引き込まれ、輪の熱気に解け込んだ。が一方で、元になった君自身の言葉に籠る深手が浮かび上がってくる気がしてひやりとなった。《君は、こんなにも自分の核心の思いを、人にさらしてしまっていいものか？　癒され始めた傷を、また広げてしまうことになりはしないか？》私は案じたが、君は存外平然としている。むしろ、書かれた言葉を、笑われるにせよ珍重されることに、こそばゆそうに目を細めてすらいる。

だが、私の杞憂は思いがけない事件によって最悪の結末を見ることとなる。早朝、食堂ホールのガラス窓に、君の言葉を拡大して書き殴った紙片と、それを揶揄する、こちらは朱書きの紙片が、ベタベタこれ見よがしに貼り巡らされていたのだ。笑いと熱気に包まれていた盛り上がりにも、冷水を浴びせられる格好になった。起き出してきた人々は次々にガラス窓の前に集まってき、紙片に書きつけられた言葉に釘付けになった。

〈ぼくの大部分は、もう一人の自分に支配されています。残りの自分は欲望の言いなりです〉

〈なんて自堕落な奴だ！　こんな人間と同居している、いや、一緒に生きていると思うだけで怖気を催す〉

〈話すのは恐い。もう一人の自分が脅す。声に出すのはもうこりごりなんです〉

〈情けないったらありゃしない！　こんな書きものを、ありがたがる奴の気が知れない〉

人々は、目を背け無言で立ち去った。犯人は、君と同年代で、やはり失恋の痛手がきっかけで、癒しを求めてここへやって来た青年であることは、容易に察しがついた。彼にとって、君が祭り上げられる騒ぎが気に触ったのも理解できた。

彼に直接詰問する同居者もいて、神経質そうな彼と、険悪な空気が生まれた。私は何よりも、せっかく見違えるほど気力を取り戻していた君が、この一件でまた新たな深手を負ってしまうことになりはしないか案じた。

「しばらくすれば、周りの人たちも忘れて落ち着くはずだ」

ひときわ傷つき易い君を案じ、私は入念に説得したが、当の君自身が穏やかでいられるはずもなく、張本人の男のところへ飛んで行って、肩先をつつき、気を取りなすような仕草をした。しかし、無言のままでは限界があり、結局男には荒々しく差し伸べた手を振り払われるという最悪の結果になった。

君の紙片で盛り上がった夢のある不思議な空気も、刺々しい緊張のそれに変わってしまった。

9

心の準備はできていないが、生命のしたたかさ、逞しさは否応なく押し寄せてくる。妻のお腹の中の児は着々と成長し、日の目を見る時を窺っていた。

こちらが態勢を整え切れていないとか、込み入った状況に陥っているとか、お構いなしの勢いだった。私はただ呆然と受け入れ、有無を言わさず新しい状況に適応させられる外なかった。

波状攻撃的に陣痛が始まった。押し寄せるごとに痛みは強まり、妻の呼吸も荒くなった。真夜中、至急車を手配し、産院へ向かった。

到着後まもなく、破水が起こった。胎液にまみれた、得体の知れない存在の突出に、私は一瞬視野が霞んだ。思ってもみなかった、血を分けた新しい命の姿が、弾けるように打ち震えていた。

緑色の大きな帽子とマスクでほとんど頭部と顔面を覆った産科医が、私の耳元で「元気な女のお子さんですよ」と、感動を促すような口調で言った。《えっ？》と強い衝撃に揺さぶられて、意識がもうろうとなった。《女の子だって？ 男の子じゃなかったのか？・・・オイディプスの神話を勝手に思い描いてきたのに》超音波検査もろくに受けずに、男の子だと漠然と信じてきた自分たち夫婦の能天気ぶりだったが、それにしても、作り上げてきた神話の構図が根本からガラガラ崩れる画を目の当たりにした。

妻の、晴ればれとして私を見つめる顔が映った。その顔が、私の心には眩しく沁みた。オイディプスの神話は消えた。ここが新しい神話の始まりだと思った。また原点に連れ戻された、清々した感じがした。

産室いっぱいに響き渡る産声。何ものをも憚らず、部屋の空気をつんざくような大声。生まれてきたことを主張する大声。なぜか私の眼前に、君と杉原の顔がふいに現れた。声で痛手を負った彼らも、これだけの大声を発して生まれてきたにちがいない。声の原点。それが、どんな紆余曲折を経て、行く手を阻む敵にまで変貌してしまうものだろう・・・？ それは、人生の残酷さのせい？ ひょっとして、むしろ愛のせい・・？

耳をつんざく声は、強引に私を父親にした。そして有無を言わさず原点に立ち還らせ、新しい状況に私を放り込んだ。《新しい神話の始まり、ヴィーナスの誕生か！・・・ヴィーナスは、海の泡から生まれてきたんだったな。まさに、泡から生まれたほどの驚きで授かった女の子だった！》

生まれたての命は叫び疲れて眠りに落ち、要求があれば容赦なく全身をわななかせて声を発する。これが、まさに声の、そして生存そのものの露わな姿なのだ。

その逞しさと貪欲さが、爽快に感じられたほどだった。

傍らの妻の充ち足りた顔。何かを成し遂げたり、創り上げた人の顔だった。それは、私に深い羨望をもたらした。対照的に、私の中を、最近ますます捉えどころない存在になってしまう一方の君のことが過った。

私は、産室隣りの控え室ベッドに脱力して横たわった。耳にこびりついている強烈な産声、そして未だ夢見るようなヴィーナスの誕生！しかも、自分がその父親！

意識がぐらついたまま、自分の大きさが定まらなかった。産室の窓から見える街の明かり一つ一つが、何か激しい自己主張して産声ほどにも叫んでいるように見えた。無数の声は、大都市の揺らめく暗黒の波間でホタルイカが発するような淡い光を点滅させ、ぶつかり合い、また闇に消えていく。その大きなうねりの中に自分も飲まれて、ただひたすら漂っているだけなのだという船酔いのような眩暈を覚える。この暗黒の海を、新しく生まれたヴィーナス共々、どこを目指し、どのように渡っていったらいいのだ？急に不安に駆られた。

自分たちを導いてくれる灯台が必要だった。どこへ向かえばいいか指し示してくれるのは、やはり正しい導き手から発せられる声ではなかったか？決して暴君から発せられる独善的な声などではなくて・・・

10

「きょうは、波乱の生涯を送った画家の実際の筆致に出会えるんですね？」

駅で待ち合わせ、美術館へ向かう間、杉原の声はこれまでになく弾んだ。思った以上の絵に対する好奇に、私の方が気遅れしたほどだ。《この男、何者だろう？》つい、改めてその横顔を窺ってしまった。《彼の中で、何かが大きく流れ、動き出している》

東京の都心とも思えない、古風な池や樹林が豊富に保たれた公園の美術館で、カラヴァッジョ展は開催されていた。

街道交差点からすぐの、厳しい西欧風門構えの公園入り口を潜ったときから、気持ちは引き締まり始めた。細密なまでに写実的で劇的な絵を描くと思うと、乱闘三昧の生活を送り、ついには殺人さえ犯してしまった稀有な画家、カラヴァッジョの作品と対面する戦きを、感情の方が先取りしてしまったためだろうか？いや、それはもちろん、杉原と一緒だったせいだろう。

先週、ついに葛藤をぶちまけ、しかもきょう、期待に息を弾ませている彼が、常軌を逸するほど感覚が研ぎ澄まされた画家の絵と対面したときどんな反応を見せるか？それはすでに密かな、しかし打ち消し難い私の関心の的になっていた。

彼は、展示室に入るとすぐの壁に掛かった、人並みはずれた感性の画家が深く愛したにちがいない、瑞々しい少年の絵に引きつけられるように進んだ。艶っぽい少女のもののような唇、潤んだ眸からは、猥雑な少年愛を越えた、画家の混じり気のない愛着が感じられる。少年が抱える籠に溢れた艶々の柘榴、葡萄、桃、無花果などは、明らかに少年の唇に漂う色香を象徴し、爛熟気味に溢れる豊かさを細密に描き出している。

彼は、その絵の前に佇んだきり、身じろぎもしなかった。

「さすがに凄い感性ですね！」

「でも、人間はうまく行かないものですね。こんな絵ばかりを描いて豊かに暮らしていればいいものを」

「十日描いて、二十日は喧嘩三昧、寝室ですら帯剣して完全武装していないと、敵の報復に脅やかされるような生活ぶりだったらしいですね」

彼は展示室を回りながら、嘆息を漏らした。彼独特の穿つような眼差しが完全に復活し、しかも水を得たように躍動している。

「きょうはまた一人、興味深い画家に出会えて良かったです」

美術館を出て、大通り沿いのカフェで向き合ったとき、悩みが晴れた青年の顔を、一瞬だけ垣間見た気がした。

「ぼくは最近まで、美術に関心を向ける時間があまりなかった。でも、この前お見せしたように、絵を描くのは拙いんですけれど、好きでした。ところが、この悩ましい事態に立ち至ってから、絵だけじゃなくて、画家自身の苦悩を読んだり映画を見る機会があったりして、急速に親近感を覚え始めたんです」

彼の口が、いつになく滑らかだった。

「実はぼくは、江戸時代の放浪の画家、曾我蕭白に強い親近感を覚えたんです。天涯孤独な謎の多い経歴の放浪の画家、蕭白。一方荒々しい筆致による特異な人物画などの作品は、幻想的で、異端扱いされるほどぼくを魅了して止みません。ぼくには実現不可能な世界を生きた画家として、遠い宇宙の彼方で燦然と光り輝いています。そこへ、きょう誘っていただいたカラヴァッジョの繊細さと荒くれぶりの波乱万丈の生涯が重なり合い、頭の中でにぎやかに響き合っています」

「これはまた、異端の画家蕭白を、心の内に抱いてらしたとは！」

私は、蕭白の厳しい幻想画の他に、愛嬌のあるコミカルな人物像や動物画も思い浮かべ、この前のぬいぐるみのような絵の由来について、少しだけ合点が行ったような気がした。

「それで、どうですか？ 極端を生きた東洋と西洋の画家が頭の中で出会って、あなたの心のわだかまりを晴らしてくれそうですか？」

「ええ、いい感じですね。未だ興奮が収まらなくて、肌がざわついています」

「それは、相当に強い衝撃を受けた様子が伝わってきます」

「ええ、お陰で、ぼくは大いに勇気付けられました」

「ほお？」

「ぼくは、今まで逃げるだけで精一杯だった声に、正面から立ち向かえそうです」

「それは、ずいぶん大きな飛躍だ。で、どんなふうに？」

「さあ、見てください！」

杉原は、この時を待っていたような手付きで鞄からスケッチブックを取り出し、白紙のページを開いた。きょうは迷いもなく、何やら鉛筆でなぐり描きだした。形のない乱雑な線だったが、例のぬいぐるみのような絵を描いた同一人物かと疑うほどの力強い描線だった。

「こうやって激しく描くと、耳元で声の抵抗も大きくなるんです。『あんた、自惚れて、この私に逆らうつもり？』って、ここにいてさえ、遠くのハードディスクの奥から喚いてきますよ。でも、ぼくは、もう負けません」

勢いよく鉛筆を動かす彼の息は弾み、顔面は最初よりさらに紅潮した。

「これこそ、画家が教えてくれた奴らへの最大の武器です。ぼくは、解放に向かってひたすら描くのみです！ 今まで経験したこともないエネルギーが、体の奥から迸るのを感じます！」

彼の声の調子は高ぶり、このまま叫び出すのではないかと、気が気ではないほどだった。案じてカフェの中を見回すと、別段変わった様子もないが、それとなく客が聞き耳を立てている緊張感も伝わってくる。

《しかし、彼を散々悩ませた『声』を克服するための一時の叫びと思えば、支払う代償は微々たるものだ》

「杉原さんの凄い境地の展開に、圧倒されてしまいます。これからいったい、どうなってしまうやら・・・？」

私の訊くともない問いかけを受け流し、さらに気持ちの高ぶりを見せながら描き続けた。

「以前、『ぬいぐるみのような絵から脱出するときが楽しみです』と言ってくださった言葉を思い出しました。ぼくにも、そのときが訪れたんです！」

彼は鉛筆を走らせたまま、感極まったように声音を発した。さすがに、カフェの客がちらとこちらを窺った。彼の手の動きは激しさを極め、スケッチブックの紙を擦り切ってしまうのでは、と危ぶまれたほどだった。紙面には、鉛筆の描線が勢いよく撥ね、何やら猛烈な爆発の図が現れつつあった。と同時に、彼が叫び出した。

「事業での成功などなんだ、成金になったからってどうっだってんだ。ぼくはこのフワフワした自分から逃れたかった。地に足がついた自分を求めたかったんだ！その自分を、今、ようやくつかむ手段を手に入れたんだ！」

まるで目に見えない敵にぶつけるような叫びだった。さすがに、カフェの客が、一斉にこちらを振り返った。

「もう負けるものか！さあ、出来上がったぞ！」

彼は辺りをも憚らず、自己満足げにスケッチブックの紙を切り取ると、私の方に誇示するように突き出した。そこには、鉛筆の線が猛烈に絡まり合い、天上目指して渦巻き、よじれ、さかのぼっていく紅蓮の炎を想わせる描画があった。

「もの凄い絵ですね・・・」

「あの『ぬいぐるみ』は、爆発して燃え、完全に消えました」

言葉を失って描画を凝視する私に、彼は未だに収まらない荒い呼吸を肩でしながら言った。

「なんとも言えない嬉しさで、一杯です。あなたを解放に導けるお手伝いを、ここまで出来たことに」

私が満足げにコーヒーをすすると、意外にも彼は一転表情を曇らせ、しかめ面になった。

「いえ、これは始まりに過ぎません。『声』の奴が、そんなにたやすくぼくを解放してくれるはずもありません・・・」

「それはまた、どうして？」

「望んだからってすぐ、願いが叶うほど人生甘くありませんよ」

彼は掌で顔面を覆い、ほとんどすすり泣き始めたかと思われた。私は、「癒しの家」で、君と向き合い無力感に苛まれる時との重なりをいきなり突き付けられ、なまぬるい溜め息を吐いた。

私たちの対面は、何やら不穏な空気を発するものか、カフェの周囲の客が、一人、また一人とそっと席を立ち、会計を済ませ出ていった。私は、花開いたと思った蕾が急速に反対にねじれ、しぼみ枯れていく味気なさの中に取り残される気分だった。

11

〈きょう、地震があるともう一人の自分が言う。とてもこわいんです〉

君が書いた紙片を誰かが壁に貼り付けた日の夕、偶然にも確かに大き目の地震が襲った。「癒しの家」全体に悲鳴とどよめきが起こり、本棚が倒れ食器が割れて床に散乱した。

後片付けをする人々の眼に、嫌でも壁に貼られた君の紙片が染み付いた。

君の書き付けた紙片が、以前とは異なる力を発揮し始めるきっかけだった。

地震の予見や、占いくらいまでなら見過ごすことも出来ただろう。しかし、まるで君の中に君臨する絶対君主の命令を求めているのでは、と疑いたくなるような者が現れ始めたのには、新たな不安の種を予感せずにはいられなかった。

手をこまねくうち、普通では考えつかない奇妙な事が起こり始めた。

事の発端は、もの静かだった男性入居者が、突然若い女性職員に抱きつき乱暴しそうになるという事件だった。日がな一日煙草をふかして廊下の壁際にしゃがみ込み、たまに通りかかる女性に声をかけるくらいの生活を、十年近くも続けてきた中年の男。事を起こしておきながら悪びれもせず、動機も曖昧で、なおかつ長年の平穏を突然破った男。不可解な取り繕いを試みる彼を不審に思い、調べてみると、ポケットから君が書き付けた紙片が見つかった。

〈もう一人の自分が言う、「今日、やれ！」と〉

たったこれだけの手掛かりだったが、ヘラヘラ笑う男の覚束なさと、自分の意志だけは懸命に否定しようとする供述をつなぎ合わせてゆくと、自室に引きこもってばかりいるはずの君の意志と濃く絡み合った根深い事件の一端だったことが見えてきた。

私は君の枕元に向かい、硬直しきった君の気持ちがほぐれるのを待った。そして一時間近くも経っただろうか、ようやく君はか細い線で、その気持ちの一端を書いた。

〈さいしょの人とそっくりだった〉

たったこれだけの言葉だったが、含む内容は大きかった。つまり、君が初めての愛を告白し、拒絶されて声を失うきっかけになった恋人と、今回の被害者の北沢という女性職員は、実は生き写しと言っていいほどそっくりだったのだ。引きこもる君の身辺の世話をする彼女への君の思いがどれほどだったか、そして、もう一人の自分が、この時とばかりに君をどれほど脅迫したことか！　君の藁をも掴む思いは、自ずと、近頃人々の間で妙な力を帯び始めたメモ用紙の方に向かっていったとしてもおかしくはない。結果、それを使う手立て以外には道を見出せなかった・・・。何か思うだけで、私は天を仰いで嘆息を発しそうになった。

「そうか・・・。最初に話しかけた時を思い出して、さぞ辛かっただろうね」

私は敢えて君に言ってみた。張り詰め過ぎた空気のガス抜きをしたい思いもあった。しかし、ベッドに横たわったまま首をひねり、私を見返す君は、私の頭蓋を穿つほどの険しい眼差しで睨みつけたまま瞬きもしなかった。

が、どれほど経った時か、君は何か思い付いたように素早く鉛筆を取り、私に向けて書き出した。鋭い視線から解放されたのと、期待もあって、私は君の手元に注目した。

〈北沢さんに、ぼくの気持ちを伝えて欲しいんです〉

その言葉を見て、私は暗澹となった。が、次の瞬間にはほとんど反射的に、《それも、私の使命ではなかったか》と思い直し、君に承諾の笑顔を向け、大きく頷いた。しかし君の枕元を去り、歩き出した直後から、また別の、この使命をいったいどう果たしたらいいのか、早くも私は重い荷が背に覆い被さってくるのを感じた。《只事ではなくなった。古傷に、新たな傷を負い兼ねない事態だ・・・》

実際に、打つ手はなかった。君に気を持たせ、なだめるしかない優柔不断が、君自身の苛立ちと、もう一人の君の悪辣な企みを太らすのも、時間の問題だった。

「癒しの家」に身を置く人々には、詳しい事情などを説明できるはずもなかった。これは男の単独の犯行で、彼に警告して反省させれば片付くと、皆には受け止められた。実際、例の軽薄な笑顔は浮かべたままとはいえ、男は北沢さんに謝り、そのまま平穏に戻るかにも見受けた。しかし、君にしてみれば、北沢さんと同居する生活を続けなければならなかったのだ。そこに次の事件につながる下地が生まれた。そして、十日も経たないうちに、第二、第三の事件が起こってしまった。

またもや同じ男、そしてまた別の男による北沢さんに対する似たような手口の事件。もう彼女はこの仕事を続けられなくなると、目を泣き腫らした。

同居者たちは、彼女が男をそそのかしたんだと、逆に彼女を責める有様。彼女と、そして庇おうとする私に対する非難は日増しに募り、孤立の状況は深まる一方だった。

最近何かと話題になる痛ましいいじめの事件が、頭をかすめたほどだった。それもきっと、絶対君主的な狭量のもう一人自分が、ふいに追い詰められた弱い者目がけ、制御不能に横暴に振る舞いだす時起こってしまう悲劇なのではないか？　いじめに遭う被害者は、多くは声も上げられず追いつめられていく。私も北沢さんも、まさに、声も発せられない袋小路に追い込まれてしまっている。

手をこまねくうち、癒し家の同じフロアに、沈黙の連鎖、拒否が広がりだした。それは、明らかに私たちに対する抗議だった。

君の中のもう一人の自分が、「癒しの家」の全ての人々をも支配し始める様相でもあった。目に見えず、無言のうちに示し合わせていくようなのが、よけいに質が悪かった。

みな沈黙して自分の中にこもりだした。自分のことしか考えず、自らの利益を守るために殻を閉ざし出した。奇妙な沈黙が辺りを支配した。私が話しかけようと、近寄るだけでも目を逸らし無視を決め込んだ。何か不都合があれば、全て私のせいだというふうに。私は、声なき声の重圧に、押し潰されそうになった。

声無き声。ひょっとしたら、この無言の声こそ、深い声の本質を突いているのかもしれない。深い悲しみと恨み。言葉にも表せないほど深く傷ついた心。人は、声にも発せられない感情にうち沈むとき、この鈍い声、すなわち声無き声を放ち始める。それは、呪いのように重く、読経のようにたえず腹に響いて臓腑に沁み渡る。そして、強大な敵に対しても、小さな個人からでも最も有効で大きな抵抗の力を発揮し得る。君は、そうして一人固く口をつぐんだきり、闘い続けてきたのだ。この声なき声こそ、横暴な絶対君主に対する最も有効な対抗手段だったのだ。

やがて声なき声は、その根強さで繋がりつつ、地球をあっという間に覆い始めた絶対君主たちの独善的な支配を底辺から覆し、我々の希望の世界を取り戻すだろう。

しかし今、私にとっての直近の現実では、その楽観は許されなかった。私が戦ってきた敵の、君だけを支配していたはずの絶対君主が、着々と勝利を収め、むしろ逆に周囲にまではびこる羽目になろうとは！予想を越える事態だった。状況は、あの杉原という青年と似て来てはいないか？今にも、私にも呪いのを言葉が聞こえてきそうな胸くそ悪くなる気分だった。敵意に充ちた緊迫感が、いよいよ肌にひりつく。

結局、北沢さんは、「癒しの家」を辞めざるを得ないところに追い込まれた。きっかけの乱暴を犯した男たちの顔に反省が見られるどころか、してやったりの勝ち誇ったような笑顔すら浮かんだ。絶対君主の悪辣な勝利の無言の声を聞いた気がした。

北沢さんが去った「癒しの家」に、皮肉にも風通しのよい晴れがましさが広がった。事実、君が長い間こもっていた部屋から立ち上がりホールに姿を現し人々から低い驚きの声が上がったのも、まさにその時だった。

12

「声の主の女が、どうしてここまで変幻自在で曲者だったか、その正体の一端を明かしましょう。声に格別の関心をお持ちのあなたなら、きっと共感を抱いていただけると思います」

カフェ「オイディプス」で会う早々、杉原はテーブルの上で指を組み合わせ、身を乗り出した。

「まず初めに、彼女は常人離れした変な声の持ち主でした。粘っこく、甘ったれた、子供っぽいところがあり、それでいて、妙にませた媚びも含むような声。ぼくはまず、彼女の外見よりもそんな声に惹かれたのかもしれません。彼女自身も自分の声の個性を知っていて、声優としてデビューし、結構引きがあるところまでたちまち行ってしまいました。それがまず、自惚れの原因でした」

杉原は息も継がずに言って、ポータブルのパソコン画面に何やらアニメーションフィルムの一場面を映し出してみせた。そこにはスタイルのよい魔女の姿が立体的に描き出されており、手にした魔法の杖を振り回しながら何やらしゃべっている。耳を近づけて聞くと、鼻にかかった個性的な若い女の声が聞こえてきた。

「なるほど、いかに声がしつこいか、納得が行くような気がします」

「ええ、そればかりでなく、ぼくが教えたコンピュータ技術も使いこなして、こんなアニメフィルムの制作作業までできるようになっていましたからね」

「それは、テクノロジーをまとった声の化身になったようなもので、手強いですね」

「でもぼくも、弱腰の殻をぶち破って、手八丁口八丁の彼女にも、正面から立ち向かえそうな気がするんです」

「大きな飛躍だ」

「あなたに与えてもらった描く力のお陰です」

「ほお、内からの創造のエネルギーは、最新兵器を手にした陰湿な声をも打ち負かせそうですか。でもそれは、間違いなくあなた自身の力です」

私も彼の力付けに努めたが、心が弱っていた折りだけに、思い詰めた彼を十分に納得させる勢いを発揮できない展開に、歯痒さを感じた。彼もそれを察したか、「ふう」と生ぬるい吐息を漏らし、コーヒーを飲み干した。それから、意を決したように早口で続けた。

「彼女は、元々ぼくには似つかわしくない派手なキャリアを目指す人でしたから。別れ際の修羅場では、あの女、この画像の魔女そのままに罵ってきたんですから、ひとたまりもありませんでした。ぼくはすでに、散々な痛手を喰らいっぱなしの、宙吊りサンドバッグ同然でしたからね」

「ふーむ・・・」

私は、深い溜め息を吐いた。杉原は、辺りにも無遠慮に、

「あの女の粘つく声と言ったら！　声優としての才能と言ってしまえばそれまでなんでしょうが、認めるのが口惜しくって！　何が女王様気取りやってんだよお！」

と、ひときわ声音を高めた。カフェの隣席から、人が身をすくめ、そっと立ち去る気配があった。それでも彼は、お構いなしだった。

「しかし、ぼくが声に対し、キッパリした態度を取れるようになったもう一つのエピソードが、そんなところへ飛び込んできました。まさに〈断ち切る〉っていう話しのためにはお誂え向きのような。最近久しぶりに、かつて高校の同級生だった男と出会って、興味深い話しを聞いたんです。

彼は、外科医の長男です。彼が子供のとき、海辺の松林に放置された廃屋で遊んでいて、うっかり扉に挟まれ、右手の中指がぶらぶらになってしまうほどの怪我を負ったときのことです。指を失ってしまうかもしれないという恐怖に放心状態だった彼の前で、地元の街で外科医として開業していた彼の父親が、見事な手さばきで縫合してくれた。開業医として成功している父への従来からの尊敬に加え、目の当たりにしたその手さばきに、崇高なものさえ感じた。が、その感慨も束の間のこと、続いて父がふいに言った『もしお父さんじゃなかったら、この指は切断だったかもしれないな』という一言が、臓腑の奥に打ち込まれ

た。彼が恐怖と感嘆の間を揺れ動いたこの絶好の機会を、父親の狡猾な野望は見逃さなかったのです。誇らしげだけれど、どこか陰険そうな父の微笑に遭ったとき、彼は底無しの谷に身を突き出されたような感じがしたといいます。《いいかね、おまえ、もしお父さんの意に沿わないことをしたら、今度はこれほどうまく縫ってあげられないよ》ということは、つまり切断・・・。父親の言外の威嚇が、これほど的確に息子に伝わったことはなかったのです。父親の威嚇は、その男に絶対的に染み付いてしまった。彼は、父の声に従い、絶対君主に従順な態度を取り続けないわけにはいかなくなった。しかし、ある時、彼はそのことに目覚めたと言うんです。絶対君主が我々を支配する手段として、何らかの形で〈声〉が必要であり、声の呪縛によって我々は操られ続けるのだ、と。すなわち、この声の呪縛からの解放こそが、我々の自由への第一歩なのだと！彼は、悪戦苦闘することによって、長年の絶対君主、父親の呪縛から解放されたと言います。ぼくは、まさにこれだ、と思いました！」

「ちょうど爆発的な絵を描いたときと重なって、より大きな力をあなたに及ぼした？」

「そうです、あの女は、ぼくのお陰でコンピュータも自由に操れるようになったのに、自分が売れ出すと、その声と技術を悪用してぼくを無能呼ばわりし、仕事に対する自信まで失わせ、挙げ句の果てにはよその男とイチャついて、嫉妬でぼくを狂い死にするほどまで身悶えさせた・・・もう思い返すだけで地獄の日々をのたうち回っていたんだと、今になって彼女に執着していたあの頃が、身ぶるいと共に甦ってくるんです。鬼畜生め！」

「よくそこまで見えましたね。痛々しい自分と向き合うのは、相当に勇気の要ることだ」

「ええ、これも、あなたの支えの保証あってのことですよ。あの女め、ぼくの半分を引きちぎって持ち去った。実際に、貯金から現金までも。数年、ぼくは半分空虚だった。失せた半分が、ハードディスクの奥から、人質同然、悲鳴を発したり、お人好しの自分自身に呪いを浴びせていた、て訳ですからね」

「現象そのものも珍しいが、それを本人が達観して解説してみせることができるなんて！もう問題を、自由に操れそうな段階に差し掛かっている？」

「そこまで言っていただくと、勢い付きます。今度は、ぼくがストーカーにでもなって、彼女を悩ます〈声〉となって付きまとってやろうか、とか。いえ、ご心配なさらないでください。あくまで、女を見る目がなかった自分自身に対する復讐です」

「よく出来た答えだ。莫迦な真似をなさるはずもありませんものね」

「なんとお返事してよいやら・・・。いえ、せめて〈声〉について模索してらっしゃるあなたの、何かの手掛かりにでもなりはしないかと」

杉原は、上手に出来た戸惑いを露わにしつつ言った。その繕われたわざとらしさが引っ掛かった。

「だけど、きれい事はいい加減にしておきましょう」

杉原は、微妙な私の表情を読み取ったように、すかさず言った。

「所詮ぼくが、そんなに真っ直ぐな人間に変われるはずがないんだ。ぼくだって、あの女と似たり寄ったりのところがあるんですよ。ふふ」

杉原は自嘲を込めて言い放ち、俯向いて低い声で笑った。

「しかし、努めてよい面を伸ばしていけば」

「ああ、もう結構です！」

私の応えに、彼はひときわ大きな身振りを交え遮った。カフェの店員が、迷惑そうに眉をひそめ、こちらをちらと見た。彼は頓着する素振りすらなく、まくし立てた。

「ええ、わかりましたよ、あの女を見返してやりゃあ、いいんでしょう。ぼくを散々苦しめてきた物語でも書きまくって、売り出しますかね？あるいは、大きなインターネット専門の会社でも起こして、億万長者でも目指しますかね？このまま真っしぐらに描きまくって、大画家にでもなって見せましょうか？」

彼はもう、ほとんど破れかぶれの口調で言って、最後は吐き捨て唇をブルブル言わせた。その目は感情に震え、涙が滲んだ。それから両耳を塞ぐようにして俯向き、嗚咽に背を震わせた。カフェの私たちの周りは、もうほとんど空席になっていた。

13

〈もう、おまえなんかは死んでしまえ、ともう一人の自分が命令します〉

「癒しの家」では、君も危機の局面に瀕していた。正体も消え入りそうな怯え顔で、メモを書き付けた君に、私は思わずもろ手を挙げて叫び出したい気持ちになった。

「まさか、君は、傲慢な君主の命令に、そのまま従うわけもないよね?」

〈もう一人の自分は、ずるい。死ぬのは許さないとも言う。ぼくはどうしたらいいか、一日中、頭の中が大混乱です〉

私の問い掛けに弱々しく書き付けて答えた君の目が、虚ろに泳いで回っているようにも見えた。

「そりゃ、あんまりだ。絶対的な力を持っている者に、生きるなと言われたり、逆に、急に生きろと、まるで弄ばれっぱなしだったら」

〈混乱して、電車、飛び込む人の気持ちわかります〉

「ああ、止めよう、この話は。危険過ぎる。君は大丈夫だよ。我々が二十四時間見守っている」

〈それでまた、もう一人の自分の呪いの声がします。おまえを守っている奴なんか、何の当てにもなりはしない。本当は、おまえに死ぬ勇気がないだけなんだ、こんなふうに言います〉

「そんな声は無視したらいいよ。そうだ、声の言うことなんて、聞き流せるようになった時が、君の勝利だ」

〈もし出来たら、こんなふうにならなかった〉

珍しく活発に筆談した君も、ここまで書くと鉛筆を投げ出し、クルクル頭を丸めるように包み込み、俯いてしまった。

「きょうは、大事な結論が見えた貴重な日だったよ。声の言うことを無視して生きられるようになること。これがわかっただけで、これからの生き方がどんなに違ってくるか」

私の言葉にも、君は丸々と頭を抱え込んだきり、頑なに拒絶するふうに背を歪め波打たせた。私は、勝手に先走り、独りよがりの言葉を言ってしまった苦さを感じた。《そうだ、私自身の目標が、やっと見えただけなのだ。暴君の声など、全く無視して生きられるようになること。この意味が、君の中にしっかり根付く日がいつ来るか？》

「さあ、部屋に戻ってゆっくり休もう」

声をかけ、君の肩を支えてみて、その骨ばった痩せ具合に驚いた。これが二度目の失恋の痛手を食らった若者の身体かと、言葉以上に痛切に感じられる。《しかし、たかが二度の失恋じゃないか》言葉が出かかるが、押し止める。

部屋のベッドに君を寝かし付け、廊下に出たはいいが、未練がましく私を見つめる黒く大きな眸に後ろ髪引かれる思いがした。ただでさえ狭い「癒しの家」の廊下が、いつにもなく細く感じられた。危なっかしく綱渡りをしている感じがする。君と、杉原の間を行き来している近頃の生活のせいだと、真っ先に念頭に浮かぶ。

さらに歩むうち、左足から崩折れ、そのままよろめいて崖下に真っ逆さまに転落するような危うさを覚えた。

《自分までどうかしている》

近頃しばしば感じる妙な眩暈だった。《何か、やっかいなことになりそうだ》易々と晴れそうにない窒息感。捉えどころのない声が相手だけに、一筋縄では行きそうにない。すると、してやったりの低い声が、腹の底から響く気配を感じた。呪い嗤う意地悪そうな声だった。

我に返ったとたん、私は廊下突き当たりの壁にぶつかりそうになっていた。私は、思わず《ああ！》と、

心に叫んだ。《まったく、自分まで、これほど「声」に侵されているとは・・・》

14

次回、静かなカフェ「オイディプス」で杉原と再会したら、ある瞬間には彼は感極まり、辺り構わず大声を発するのではないか？　あのカフェの雰囲気には、とてもじゃないが、そぐわないだろう。せめて酔客に紛れたふりができる居酒屋を、近くの繁華街に見つけた。

案の定、待ち合わせの駅に姿を現した杉原は、顔色が白むほど緊張した面持ちに口を閉ざし、ポケットに両手を突っ込んだまま軽く会釈しただけで、硬い姿勢のまま私と並んで歩いた。早くも私は、握り締めた掌に汗が滲むのを感じた。

居酒屋の店内は、すでに仕事帰りの人々などでごった返していた。私たちが喧騒に吸い込まれるように着いた席は、カウンターを背にした大テーブルで、他に二十人くらいの客が相席する賑わいだった。個室でしんみり向き合う手もあったが、彼が冷静を保てるか、信頼できないこともあった。が、思った以上に店内の話し声は大きく、彼の話しが聞き取れるか危ぶまれた。しかし、彼の方はお構いなしに、酒を注ぐと間もなく、早々に胸の内をさらけ出してしまいたいという顔つきになった。

「声なんですがね」

彼は感情も露わに、私の耳元で声を荒げた。

「あなたを悩ませた声を宙に解き放って、しがらみだった女性との関わりも、解消できたんじゃなかったですか？」

私も、彼の耳元へ大声で訊き返した。

「いいえ、とんでもない！　あの女め。声のしつこさと言うべきか、逆に蜂の巣を突いたような騒ぎで。あんな絵を描いて爆発させたもんですからね。〈声〉の憤懣を宙に解き放って、勢い付かせてしまったようなもんです」

　彼は悲壮に顔をしかめた。私が「どういうこと?」と問う間もなく、彼は喉から絞り出すような声と、身体と両腕を苦しげに捻る仕草で言い始めた。

「声が、骨に食い込んでくる。このままでは呪われるだけじゃない。もろに生身を侵される。体中の皮膚が声に食いちぎられて、血が流れ出す。ああ、恐ろしいし、苦しくて仕方がない」

　彼はしまいに、絶叫と共に両手で爪立てて首を掻き毟った。賑やかな居酒屋でさえ、さすがに皆驚き、振り向いた。私が両腕で大きく宙を扇ぐ仕草をし、なんでも無いと、伝えなければならなかった。客たちは目を背け、場はまたすぐに元の賑わいに戻った。

「ぼくは、いい加減な気持ちじゃない！　店を追い出されるくらい、どうってことない。この声の挑発に打ち克つためならば、なんでもやるつもりだ。それを、逃げずにじっと見守り支えてくれる人の存在が必要だった」

　彼は勢いを緩めず、私の肩を力一杯叩き、だみ声を張り上げた。さすがに近くの女性客は肩をすくめ、脅え顔に表情を強張らせた。

「私は逃げも隠れもしませんよ。思うところあって、常にあなたと一心同体同然で問題に当たる覚悟ですから」

　私が言うと、彼は涙目になり、辺り構わず私の肩に腕を回し、張り裂けんばかりの声を絞り出した。

「声ってのはですね、末梢の血液から、骨髄から、そして内臓の奥、すなわち腸の隅々から湧き起こってくるもの。それが、横隔膜を押し上げ、肺の空気を圧縮し、喉の声帯を震わせ、脳で意味づけされた音色に加工されて発せられるもの。そんなこと、あなたに講釈するまでもありませんよね。ぼくが言いたいのは、声が骨肉を源泉とし、全身を巻き込んだ叫びであって、決して単なる口先から発せられた空気の振動ではないということ。だから、悪意で注がれた日にヤァ、たまったもんじゃない。いや、それは、時空をも超えた魂の奥底からの叫びでさえあり得るんだから、その破壊力たるや、計り知れないってことですよ！」

「とてつもない話しになってきましたね」

「ええ、ここからが肝腎なところですよ。まあ、ぼくの実体験を聞いてみてください。しつこい声に打ち勝つため、ぼくは甘ったれた自分に過酷な体験を課したかった。そこで、荒れる日本海に乗り出し佐渡ヶ島へ渡った。かの世阿弥が、天才的な能舞台の偉業を成し遂げながら、七十を過ぎて不遇にも流刑の憂き目を見た佐渡ヶ島。荒海に身を晒し、大岩に叩きつける荒波の向こうから聞こえる声を、聞いてみたかった。世阿弥の無念の叫びが、きっと聞こえるに違いないと思ったんです。自然の奥底から、腐り切ったこの自分に叩きつけてくる究極の声、自然の本音」

杉原は、思い切った行動に出たものだとも思ったが、何か未だ自分のロマンに酔った冒険の域を出ないとも、私は思った。しかし、「世阿弥の叫びが聞こえる」と言う言葉には、はっ、となった。《声に出したことは消せないんです》君の強烈な言葉が浮かんでくると同時に、杉原が言っていることもまんざら的外れではないと思った。

「しかし、自然の本音を聞くなんて、初めて耳にする言葉ですが、いったいどんな声が聞こえたんですか？」

「自分を戒める鞭というか、全身に突き刺さってくるような声だったことは間違いありません。岩にしがみついて、荒波ともの凄い怒鳴り合いをしていましたよ。ワオー、ワオー、と、そりゃあ凄絶なものでした。自分の中に巣食った侮蔑的な声を洗い流して、自然の本音で清めようってんですからね。大天才の心の隅々にまで響き渡ったにちがいない荒海の轟音。それを求めて、季節風の荒れ狂う日本海を、転げ回るほどの船酔いでしたが、胃の底から中味がなくなるまで吐ききって渡りましたよ。人っ子一人いない切り立った崖の多い尖閣湾まで辿り着いたんです」

彼は独演に酔い、荒馬にでも乗っているような激しい身振りとともに、息を切らした。私の方は周りに気遣い、むしろ冷めた。

「それで、あなたを悩ます声は、少しは吹き払われた? 逞しい自然の本音とやらで、一方の骨を侵すほどの〈声〉の悪魔祓いをすることができた?」

「それが簡単にできたら、こんなに苦しむこともなかったでしょう!」

言うと同時に、彼は今日一番の吠え声を、天に向かって発した。周りの客たちは、さすがに身構えだした。

「あと一歩ですね。荒々しい自然の話しまで辿り着いたところで、次回までに思いを貯めて、この世の憂いを一気に吐き出してしまいましょう!」

「それくらいで消える憂い、なんていう代物ならば・・・」

なおも喚き続ける杉原の肩を支え、店の外に出た。よろける脚で私に肩を凭せ掛けたまま、彼は歌い続けた。

「あばら骨をアコーディオンの蛇腹のように伸縮しながら声を奏でましょうや! ららら~ あばら骨をアコーディオンの蛇腹のように伸縮しながら声を奏でましょうや! ららら~」

前後不覚に陥った彼を、かろうじて終電車に押し込んだものの、このままでは一体彼はどうなってしまうのか、私は深い不安に突き落とされた。


翌日、私事とはいえ杉原のことを、「癒しの家」の上司の棚橋先生に、救いを求めるように打ち明け相談を持ちかけずにはいられなかった。

「それは、きみ個人の問題だ。セラピーのつもりだったかもしれないけれど、逸脱し過ぎだね。いざという時、責任の所在がはっきりしない、安易な相談には乗らないことだ。きちんとしなければ。お互い、命懸けの危ない目にすら遭うんだから」

あまりに予想どおりの、先生らしい、淡々とした冷たく突き放す口調だった。「きちんとしなければ」という言葉だけが、なぜか重くのしかかった。そして、杉原とは、もうとっくに他の誰かに救いを求めるのも無理な領域に踏み込んでいるのを悟った。

《この上は、もう行けるところまで行ってみるしかない》

15

「癒しの家」では、君の心は以前よりもはるか彼方に去り、もう惑星の話をしてくれるゆとりどころではなかった。
が、一方で、我々の世界から遠ざかった君の不在は、そこに同居する人々の間にも、堪え難い空虚を生み出した。いきおい、私に向けられる眼差しが冷ややかになった。君が、罪も犯していないのに、見えない牢獄に監禁されてしまったように引きこもらざるを得ないのは、私に多くの責任があるというわけだった。
せっつかれ、私は、息詰まるような「監禁」から君を救い出そうと、日に何度も君の元を訪れた。が、頑なな無言の拒否に遭う結果は、これまで同様。
《せめて一言でも話してくれたら、全敗の不名誉を一挙に覆し、皆にも顔向け出来るのだが・・・》
が、此の期に及んでも、奇跡を期待する気持ちに変わりはなかった。
《それにしても、用心などとっくに通り越して、ほとんどもう一人の自分による拷問だ。許せたもんじゃない！・・・》
しかし、この世にはびこる、君の頑なさを支持するような根強い言い伝えがあることに、苦々しさを覚える。例えば、沈黙は金。言わぬが花。見ザル、言わザル、聞かザル。・・・言葉を控えることが無難だと、古来の知恵は教えているようだ。《だが、君の沈黙は、この伝に絡まってくるような類いじゃない。・・・やはり、理解の限界を逸脱したもう一人の自分の刺々しい暗黒の顔が突出している》
とは言いながら、私が住む世界にも、漠然とではあるが、もう一人の自分のような絶対君主が君臨しているようなものではなかったか？　例えば、どんな身なりや表現が許されるとはいえ、公衆の面前では〈良識〉に名を借りた制限や限界がいくらでもある。より身近なところで、職場となれば、挨拶の仕方、立ち居振る舞い、上下関係の気遣いに至るまで窮屈極まりない。お互い、ささいなことでも傷つき易い。

とくに、この私自身、物心ついた頃から〈いい子〉で、誰に言われるまでもなく、心に潜む絶対君主の言いつけを、まず第一に守ってきたような気もする。その伝から延長して言えば、絶対君主の存在が極端に強大化してしまっているのが君の現状なのだろうか？・・・

が、「癒しの家」の人々に解釈を披露してみせたところで受け入れられるはずもなく、私に向けられる非難がましい目線は鋭さを増す一方だった。なす術もなく、私は向かいに誰もいない面接室の机上の紙片に〈声〉とだけ大きく書いて、独りまじまじと見つめた。何気なく使ってきた声、そして言葉・・・。捉えどころのない声が、その文字の中に凝縮し、机の表面にへばりつくようでもある。声とは、いったい、人に対してどれほどの力を持っているのだ？　そもそも声とは？　声に宿る力とは？　声にはどんな魔や神が潜んでいるのだ？・・・

声ははかなく、発せられたとたんに消えてしまうように見て取れる。しかし、ここまでの一身を捧げた君の経験知によれば、声は一度発せられると、決して消えることはない。消そうとしても無駄なのだ。

書かれた言葉も、録音された声も、容易に消すことはできる。しかし、大元の声は、決して消すことはできないのだ。お陰で約束は道徳性を帯びて守られ、条約は成り立つ。

世界のあらゆる事象は、声のこの意外な堅牢さの上に成り立っていると言っても過言ではない。

《私はこれまでに出会ったこともない、常識を平然と裏切る摩訶不思議な透明怪物相手に、孤軍奮闘しなければならない羽目になったようだ》

私は、狭い面接室で、独り、ほとんど叫び出したい気持ちになっていた。

16

杉原に、私の不安と棚橋先生に相談した結果を打ち明けた。私が彼に対し手がけたことが、必ずしもセラピーの形にはなっていないこと、危険な方向へ行ってしまう可能性も孕むということも。だから常に、かえって傷ついてしまう恐れもあることを覚悟してくれと伝えた。

彼はさして気にする様子も見せなかった。私の腹も固まった。

最早先へ突き進まざるを得ないという黙契が、杉原との間に出来上がった。どんな展開が待ち受け、どんな結果に導かれるか、皆目見当がつかなかった。が、それが、むしろ血を沸き立たせた。

杉原は、より挑戦的になっている気持ちを、怒らせた肩に露骨に表していた。とはいえ、私達がまず挑戦の場に選んだのは、ごく身近な酒場だった。

そこに偶然居合わせる人間に体当たりし、自分の問題の糸口を見いだそうという、ほとんど破れかぶれの挑戦。すでに杉原は、彼独特の酔いどれの唄を口ずさんでいる。

「あばら骨をアコーディオンの蛇腹のように伸縮しながら声を奏でましょうや！　ららら〜」

さっそく当てずっぽうで、目に付いた居酒屋の古びた縄のれんを払った。脂っぽく手垢で汚れた格子戸を、杉原が、地獄の門をこじ開けるとは、まさにこういうふうにするんだと言わんばかりの手つきで開いた。奥から店主のしわがれ声がした。《この店が、ただの場所であってはならない。そう終わってほしくない》店内にどんより籠った揚げ物の匂いが、込み上げてくる思いと混ざり合った。狭い調理場を囲むカウンター席には、三四人の客がばらばらに座っていた。麻袋に詰め込まれた屍が、黙々と酒をすすってるという具合いだった。

我々は、入ってすぐのカウンター席に座った。隣に老いた男がいた。薄い白髪頭と染みの浮き出た横顔に、何の人生の恵みも感じられない。杉原も、山奥の野ざらしの墓そのもの、のような喩えを想ったはずだ。私が思ったとき、男が杉原をさりげなく窺った。男の眼光には、姿に似合わぬ射るようなものがあった。男は、煮しめのジャガイモやニンジンを黙々とつまみ、ビールをひと口煽ると、天井に向かってはぁ、と息を吐いた。多弁な長広舌を聞かされるよりも、もっと意味合いを帯びた溜め息だった。その目線の先には、汚れた品書き、埃を被った天狗やおかめの仮面、傾いた羽子板があった。

アルコールが、脳をさらにこねくり回した。杉原の酔いっぷりからして、くすんだ男の横顔に、こじ開けるべき門の狙いを定めたのが見て取れた。次の瞬間、彼が大きな招き猫を見ていた男に何と話しかけたかは聞き取れなかった。が、気に障ったように振り向きざま、しなびた男の顔が、握り拳になって強烈に彼に殴りかかってくる感じがした。男は杉原にいきなり、「なんだ、ヤケにお前は肝っ玉が小さそうだな」と、言ったのだ。

杉原は、「たしかに腹ん中で焼けただれた気持ちに衝き動かされ、一日中走り回らずにはいられなかった」と、答えた。

「何にそんなに囚われているんだ？まだ若くて、自由にやりたい放題、いくらでもあるだろうに」

面と向き合って言う男は、胃の襞がそのまま顔に現れたかと思われるくらい皺くちゃの顔をしていた。この傷みたいな襞を掻き分けて、ただれた壺の奥に蔵われた本音を、こっそりいただきたくなるような顔だった。

「ぼくにそう言うあんたは、自分に満足しているのかい？自分を労われるくらい走りきったかい？」

溜め息では負けたが、態度では一歩も引けを取るまいと言わんばかりの大口を、彼は叩いた。男は、さすがに縮み上がるタコのように、その皺くちゃの顔を目一杯ゆがめた。杉原は、地割れがし、門が開く手応えでも感じたふうに、一歩も引かない。

「自分に満足しているかだと？労われるかだと？はっはぁ、若造、よくぞ訊いてくれたな！」

襞の間から目を見開き、男が声を強めた。黙って蹲っていた他の客から、低い笑いが漏れた。杉原は、むしろ勢いづき、ここが爆弾の仕掛けどころだと思った様子だった。

「爺さんよ、人生に疲れて酒浸り、なんてのだけはやめてくれよな。擦り切れ、疲れ果てただけの道のりを、ご大そうな教訓のように諭されるために、ぼくはこんなところにやってきたんじゃない」

「ほっほう、若造よ、大した意気込みだな。何様かは知らないが、近頃では見たことのない高邁な理想を抱いた天使様が、突然おれの隣に光臨ましました気分だ」

「ああ、ぼくはいっときでも無駄にするのが嫌いだ。あんたの顔を見て、その地割れのような襞の奥まで冒険できそうだと、ゾクゾクし出したところさ」

「あからさまに言う奴だ。だがその勇気に免じて許してやるさ」

「さて、お許しをいただいたところで、ぼくの質問にしっかりお答えいただきたい。あんたも伊達に、この歳まで生き延びたんじゃあるまい？　命掛けで、地獄を見たことはなかったかい？」

杉原が満を持したように言って身を乗り出した途端、男の顔が破裂するのではないかと思われるほど真っ赤になった。

「戦争に行ったこともねぇこの若造野郎が、でかい口を叩きやがって」

あまりの興奮に、男の舌がもつれた。顔の皺が軟体動物のように蠢き、襲いかかってきそうだった。

「すぃません、そんなお歳だとは知らずに、ぼく、軽率でした」

男のあまりの逆上を交わそうと、杉原があえて軽薄に言ってみせたのが、火に油を注ぐ結果になった。

「この野郎！」

低く唸った男は、もし若くて勢いがあったら、彼の襟を鷲掴みにしただろう。赤く燃え盛った顔は、今や青黒く引き締まり、鋭い眼光には殺気が漲った。

「いいかお前、集中砲火を浴びた戦艦の甲板で、同僚の流した血の海に浸って、腸やら千切れた手足と一緒に揺られる地獄を、想像できるか？」

干涸びた喉から、やっとの思いで絞り出した声で、男は言った。

「地獄の臭気が充ち充ちている。でかい口叩くお前に嗅がしてやりたい。噎せて息もできないほどの硝煙の臭い、胸を突く腥さ。地獄ってやつは臭気なんだ。どんな巧妙な映画のセットでだって、こればっかりは実現できない。ああ、今日はついに言っちまったよ。こんな煙たい店に毎晩来て、一人で酒を飲んでる気持ちを、ついに言っちまったよ」

皺の間の細い目に、涙が滲んでいた。杉原はさすがに返す言葉を失った。うっかり、それもまさに本当の地獄の扉を開けてしまった衝撃。焼き鳥の煙が、肉そのものが焦げる臭いに変わった。側の私も、いたたまらなくなった。

「そこへ、これでもか、とばかりに機銃掃射が襲いかかってくる。死肉を弾が貫通する鈍い音、血が跳ね、火花が散り、狂った喚きの向こうに黒煙と炎。もう傾いで航行不能の艦に、執拗に砲弾と魚雷がぶち込まれる。戦争ってのは、崇高な目的でも、勇敢な戦いでもないってことを思い知らされた時だ。敵の精神まで、根元から捻じ曲げようっていう、最も野蛮な狂気が剥き出しになる時だ。雨霰と降り注ぐ弾の中で、狂気の顔が襲いかかるのを見た。個別のアメリカ人の顔なんかじゃない。澄ました紳士が、こぞって素顔を露わにする時だ。おれは死神の顔は、こんなものなんだろうと思った。ああ、弾丸の空を切る音は、奴らが発する呪いの声だった。その声と、爆発の轟音と、甲板をのたうつ死にかけの人間の呻きと悲鳴と臭気が入り混じって、これ以上の地獄が他にあったか！」

興奮した男の口から、言葉が打ち出された。店主も客も、息を潜めていた。杉原は、両手を挙げて万歳の仕草をした。それ以外に、感情の表し様がなかった。男は、どうだ参ったか、と鼻から息を吐いた。男の息に、なぜか硝煙と呪いの声を感じた。足元が生ぬるくなり、揺れる甲板のどす黒い血が洗った。

「地獄なんて、思ったよりも間近にある。薄皮を隔てて隣に接している。地獄からの声も、易々と聞こえてきてもおかしくはなかったんだ」

杉原は、私の方を振り向き言った。

「結局、どこに向かったってよかったんだ！　一皮剥きさえすれば、今でも、どこでも戦場だし、地獄に充ち溢れている。壁一つ隔てて、憎しみがぶつかり合い、死体すら転がっている。全てが体裁よく覆い隠されているだけだ」

杉原が独り言のように言った向こうで、深い皺の刻まれた男の顔が、傷だらけのそれに見えた。何十年たっても癒えることになく、血を流し続けている傷。杉原の言葉が、カミソリのようにその傷のかさぶたを引き剥がしてしまったのに、怖気を催した。何ものをも恐れず、蛮勇だけの闇雲の疾走の果てを見てしまった思いだった。

「若造、どうだ？　おれが見た地獄はこうだ。今度はお前さんの番だ。人に高飛車にものを訊く以上は、それなりの覚悟があったはずだ。さあ、言ってみろ？」

男は、杉原に少しでもはぐらかす隙を与えまいと、もう傷だらけにしか見えない顔を、上目遣いに突き出した。店内が戦場の修羅場に変わって、固く俯いていた客たちも、顔を上げ杉原に注目した。

「誰かを愛し、同時に自分も愛される、相思相愛のメカニズムってやつが、ぼくには限りなくうさん臭く、地獄のほら穴の中で悶絶させる『いたぶり装置』にもなっている。はっきり言って、救いようのない片思いに陥っている者にとっちゃあ、上半身と下半身をひねって反対にくっつけられるほどの不可思議、奇異な現象にさえ映るってことです」

杉原は、下から突き上げる鬼のような男の目付きに向かって、淀みなく言った。その鋭い眼光が、短い間、戸惑うのがわかった。修羅場の血の海に浮かんでいた男の顔が、柔らかくふやけていって、真っ黒な鼻穴から、ふん、と息を吐いた。やがて、腹の底から込み上げてくる笑いを堪えきれないとばかりに、肩を上下に揺すった。

「愛？　愛とは聞いて呆れるな、若造よ。相思相愛だ？　片思いだ？　それが、お前さんの地獄だ？　は、は、はぁー」

男が周りを煽り、巻き込むような笑い声を上げたので、くすんだ色の他の客たちも、ことさら卑猥な笑いを漏らした。

「ええ、言いましょうよ。赤っ恥をさらけ出しましょうよ。ぼくの地獄の根にあるものを、気付くきっかけを与えてもらったついでだ」

杉原は開き直ったように言い、唇を噛んだ。

「ぼくは、女王様気取りの女の罠にはまってしまっていることを、今ほど自覚したことはない。卑劣な心理的罠だ。理性で気付いていながら、蟻地獄の巣に落ちてしまった獲物みたいに、ずるずる底へ落ち続けていく。ぼくは、あの女から逃れたい。しかし一方では、媚びずにはいられないジレンマが、心を引き裂いている。心から大量の出血が続いている。おこがましい言い方かもしれないけれど、ぼくも血の海に浸っている。命こそ奪われないが、それだけに引き裂かれ続け、血の海からも這い上がれない。そんな酷な海を意識したせいか、世阿弥が流された佐渡ヶ島へ荒れた日に敢えて渡って、天才も苦悶したに違いない荒海に身を晒したんだ。暗鬱な荒海に向かって、どれほど声を嗄らしたことか!」

「若造よ、痛々しい血の海だな。よくぞ、言ったものだ。しかし、そんなものは、戦場の血の海と比べちゃいかん」

男は胸を張り、猛々しい顔つきになって杉原の肩に手を置いた。

「若造よ、今夜は、おれのおごりだ。飲めるだけ飲んで、全部吐いてしまえ! おれも、七十年近く、口にしなかったことをついに言ってしまった晩だ。しかし、若造、一つ見上げたところがある。世阿弥が流された佐渡ヶ島へ、荒れる季節にわざわざ渡って、荒海に身を呈して叫んできたなんてな。実はおれたちは、この町内で能を演じ、秋祭りに神社に奉納する仲間だったんだ。ひとつ今夜は、能を演じて締めようじゃないか! 侍の流儀だ」

「はいよー」

男の掛け声に、それまでばらばらに飲んでいると思っていた店の客たちが一斉に和した。男たちが立ち上がり、居酒屋のテーブルをくっ付け、薄い板をその上に並べて、即席の能舞台を忽ちのうちに組み立ててしまった。居酒屋の店主の手には、立派な笛があった。

「ここは、おれたちの能の練習場でもあったんだ」

老いた男が言った。

「今夜は夢幻能の『屋島』で、義経の霊が現れる名場面を演じて、散った仲間たちの霊を鎮めよう！」

言いながら、急ごしらえの能舞台に老いた男が上り、扇子を片手に直立した。九十歳を過ぎているにもかかわらずその足腰はしっかりして、すっくと舞台上に映える姿に驚いた。衣装は着ていないが、居酒屋の天井の明かりを照明に見立てて顔に当てると、その皺くちゃの顔が能面よりも険しく引き締まって、まさに夢幻能の霊が現れる場面を髣髴させた。

「若造よ、準備が整う前に、義経が現れるこの場面を詠んだおれの俳句を一句進ぜよう」

男は言って、読み上げた。

怨霊の白雨となるや薪能

俳句の余韻が漂う中、居酒屋の店主が笛を吹き始めた。店の空間が、途端に幻想的な夢幻の旋律に飲み込まれた。他の客たちも、太鼓、小鼓などを受け持つ囃子方だったり、唄いの地謡方の役割に就き、思わぬ一場面が開演となった。実際に着飾り完成した舞台よりも、偶然に生まれた舞台はまた格別の迫力があった。これこそまさに、「秘すれば花」のドツボにはまった驚きというものか。もう杉原は恍惚となって、何も言えないという状態で、瞬きもせず目を大きく見開き、ステージを食い入るように見ていた。

17

「癒しの家」の面接室に、久々に君の方から、痩せ細った体をふらつかせながら姿を現した。ずっと疎遠な顔つきで、まともに応えてもくれなかっただけに、私の驚きもひとしおだった。稀な機会に、当然のこと、私は身構えた。君は、拒絶一方の顔から一転、すぐにでも訴えたいことがありそうに、メモ用紙を要求した。

「何か言いたいことが見つかった？」

問いかけにも応えず、紙片をひったくるように奪うと、君は文字ではなく、もつれ絡まる線を書き始めた。数日続いた深い沈黙の後、君が突然取った行動だった。細い線だが、書くほど勢いが増していく。そこには、黒雲のような塊が、浮かび上がりつつあった。どこか杉原がスケッチブックに鉛筆を走らせた時と似ていると、私は驚き見入った。《これから、いったい何が始まるのだ？　この黒雲も、炸裂するのか・・・？》

しかし君は、いつまでも、塊が真っ黒になるまで塗り潰していく。頭の中心に凝った黒い塊。腫瘍のように居座り、しかも悪辣な人格を持ち、絶えず命令すら下す。君は、ついにその魔の具体的な姿を、描いて見せようというのか！

私は思わず眉をひそめ、君の手元を凝視する。そこに現れつつあるのは、単に黒い塊というには、あまりにもいびつ過ぎた。悪魔というにしては単なる微生物のようにも見える。しかし、どこか表情を想わせる。肝を鷲掴みにするような触手を持っていて、襲いかかってきそう。どうにも居心地悪く神経を逆なでする塊だ。鉛筆で表現されたこんなに恐ろしい塊をかつて見たことはない。やはり、心の中にこんな塊を持っているからしか描けないのではないか？　これは君の心の中の影がそのまま吐き出されたものにちがいない。単に描かれたものではない。真っ黒な吐物なのだ。見るだけでもおぞましい。私は君が描き続けているのに耐え難くなった。もうやめてくれと制したくなった。しかし君は意地悪い笑みすら浮かべている。薄笑いつつ描き続けるその表情には、魔の気配すら漂っている。ひょっとして、君自身ではなく、君を乗っ取った絶対君主の魔の顔が覗いているのではないか？　君にそう問わずにいられなくなりつつ、私は憑き物に襲われたほど全身が戦くのを感じた。

どれほどの時間、描き続けていただろうか。紙面がほぼ真っ黒に埋め尽くされそうになった時、君は「ふう」と息を吐いて鉛筆を放り出した。君の声らしい声を、初めて聞いたような気がした時だった。その額には、薄っすら汗さえ滲んでいる。

「これが、もう一人の自分の姿かい？」

自明のことと知りつつ、私は恐る恐る君に尋ねた。思いの外あっけらかんと、君は頷き返した。私は、なぜ、今、君がこれを描きたかったのか、知りたい気持ちに駆られた。が、好奇心たっぷりの私に向かって鼻で笑うばかり。その鼻の頭には、汗粒が光っていた。

はぐらかされた私に向かって、描かれた黒雲のような図まで私を嘲笑い、ムクムク蠢きだして、こちらの心まで侵すようにも感じられた。

《まさか?》

薄笑いを浮かべる君を見るほど、私の疑いは濃く、しかも真実らしく感じられた。《まるで、私が侵される分、君の気持ちが楽になったとでも言いたげじゃないか?》確かに、酷さも感じられる君の笑顔には、最近にはない、解放され身軽になっていく思いがこもっているのが見て取れる。

《私の心が脆弱になって、隙だらけになっていたところを、完全に見透かされた格好だな》

私は、予想外の一撃を食らって、ふらつく新たな目眩の中で思った。傍らに、今まで見たことのない、ささやかな勝負に勝った時のような君の笑顔があった。

いったいこの時期、何の意図で、君はこんな絵を、私にこれ見よがしに描いたのだろう？　私は、絵からも、君からも離れても、黒いマントのような影が心の空を覆っていく観念から逃れられなかった。

18

最初は声に驚き、目覚めることが度重なった。あのうらぶれた居酒屋で演じられた夢幻能の霊が、妙に生々しく語り出すようでもある。能「屋島」の義経の霊が、私にもいよいよ迫ってきたか？　いや、金春禅竹の能「定家」を見たときの、もっとヌルっとしたカエルの肌を想わせる能面の皮膚感覚の気味悪さだった。炎に赤々と照らされた面は、にわかに柔らかく熔け崩れだし、君が描いた黒い図と重なって広がり、ついに暴君の顔を露わにした。凶暴な顔は牙を剥き、猛然と私に襲い掛かった。大量に出血し、もう止めようがなかった。肉体のみならず魂まで侵食されていくおぞましさに、叫ぶことすらできなかった。

目覚めても、その悪夢から覚め切らないままになった。現実と悪夢が二重になった奇妙な生活の始まりだった。《どこへ迷い込んでしまった？　もしや理不尽な暴君が支配する心の内なる世界？》怯え、不安に過ごすうち、君の宇宙へ転移してしまったのでは、という疑念が拭えなくなってくる。

すると、濃さを増した闇の背景から、かの凶暴な顔が襲い掛かる場面が度々甦った。怯えも極まれば閃きをもたらし、私は愕然となった。なぜこの時期、君が心を支配する暴君を、黒々と、執拗に描いたのか、その意図が見えてくると「あっ！」と声を発しそうになった。

魂が侵食される様は、実は現実に目の当たりに出来るのだ！

この発見に、私は打ち震えた。そして、それを伝えようとした君の意図に、愕然となった。しかも、それだけ具体的な敵であるだけに、実害を及ぼす恐れがあることも。

思えば、君を支配する暴君に、無謀なまでの挑発を繰り返しながら、私だけその悪意に侵されずに済むはずもなかった。

敵は、悪夢と耳鳴りと一緒くたになって私に襲いかかる様相だった。しかし、頑なな沈黙を守る君の内面は、こんなにもおどろおどろしい悪夢と耳障りな威嚇の声に溢れていたのか？　悟りに達した高僧のそれのような清澄な空無ではなかったのか？

それにしても、この悪夢のせいで、君の内面にそっくり転移してしまったと信じだす自分も、どうかしているとも思った。

いずれにせよ、微熱のようにつきまとうギャーギャー言う耳鳴りとも声ともつかない音を、なんとか振り払わなければならない。子供の頃、しばしば高熱を発し、その意識の歪みの中でも聞いた音に似ていた。ひょっとして、祖母が毎日唱えていた般若心経から変わった音だったか？

今や、私の中にも、自分をせっつく声として、もう一人の自分が厳然として存在し始めた。神経が苛立ち、疲労困憊していた。

日増しに声は募り、私を責め、急き立てた。真夜中に、叫び声や怒鳴り声に驚かされ、飛び起きると、全力疾走した後のように喉がカラカラだった。傍らでは妻と、生まれたばかりのヴィーナスが、安らかな寝息を立てていた。穏やかな寝顔の傍らにいる分、私は居ても立ってもいられない気持ちになった。私はどこへ向かって歩き出せばいいのだ？　私は、どこで何をすればいいのか？

街中を歩いている時でさえ、人混みの中で突然自分を見失い、脂汗が滲んだ。かつて神話世界へ紛れ込んだと粋がって彷徨ったビル街が、今や不気味な声が木霊す谷間と化した。全く異なった相貌剥き出しに、のしかかってくる摩天楼の底を私は逃げ惑い、駆け巡った。私は、吹き抜けるビル風の中に呪いの低声を聞いた。《ここも、すでに絶対君主の手に落ちた・・・》

私は敗残兵のように逃げ惑い、覚束ない足取りでかろうじて池の縁にたどり着いた。が、噴水の水しぶきの水音さえ、自分を嘲弄する声の調子を帯びていた。私は、安心して身を置く場所を見失った。

遂に真夜中の街を当て所なく歩き回るうち、都心の大きな墓地に紛れ込んでいた。淡い街灯は灯っているが人影はなく、大都市からすっぽり切り抜かれた真空の静寂が支配していた。ただでさえ硬直した体の背筋が、ピンと張り詰めた。声から逃れようと静寂の中に身を浸したのがいけなかった。そこにはむしろ声が押し詰まっていた。静寂の中からこそ、声の本質が現れてくるような気がした。広い墓地を突っ切る石畳の道に入ったとき、遠くで聞こえる都市の唸りのような騒音とともに死者の呻きが押し詰まっているのを聞いた。私は耐えきれず、走り出した。

逃れるためならば、何でもやろうという気持ちになっていた。凝り性の私は、ここでも思い付く限りを試みた。競技用の目が眩むような飛び込み台からプールに真っ逆様に突っ込む、ロックコンサートで踊りまくる、滝の冷水に打たれて修行まがいのことをする、禅寺で座禅を組む、ヨガ、気功、灸、果ては拝み屋まで。もちろん次々と病院も受診してみたが、納得の行く手掛かりも成果も得られなかった。

不穏な父親の元でも、何も知らぬ気に、家庭ではヴィーナスが着実に育っていた。無垢な顔から発せられる喃語に、私はなぜか強く惹かれ、耳傾けた。

「初めてママと言ったわ！」

揺り籠の傍らで、妻が歓声を発した。

「それは、期待し過ぎの早トチリというものさ」

妻の期待とは裏腹に、私は、赤ん坊が持って生まれてきた「自然の本音」と勝手に名付けた声に耳澄ましたかった。

「原始の時から変わらない世界共通の言葉を話せるのは、この子だけだ」

「あなた、この子まで妙に入り組んだ世界に連れていかないでね」

妻がしかめっ面で言った。

「嫌が応でも汚れた声や言葉によって穢されるんだ。その前に、記念写真を撮るばかりじゃなくて、この子が発する自然の本音に耳傾けてみたいと思っただけさ」

「ああ、あなた、相当に普通じゃない迷路に嵌まり込んでいる気がする。私の近くに居ながら、手も届かないほど遠くの真空に嵌まっているみたい」

「本当の空無に嵌まっていたら、自由で伸びやかに映ったはずなのにな。確かにぼくは今、迷路で足掻いている。でも、きっといい方向に向かうはずだ。しかし、それを一緒に闘っていくのが、ぼくたちの子育てというものさ」

「いやよ。私はともかく、この子にまでそんな眩暈を感じて育って欲しくないわ。生まれ落ちていきなり出会ったのが、まるで時代錯誤の古代人そのものの、言霊に怯える父親だった、なんて」

「ああ、言霊！気に掛かる言葉を、軽々しく言わないでくれよ。冷や汗が滲んだよ。そんな先祖返りした父親と一緒じゃあ、さぞ心配だったんだろうね？」

「母親としては、新しい時代の当たり前の幸せを、たっぷり与えてやりたいものだと思うわ。あなた流に言えば、幸せの声と歌のミルクをたっぷりと」

「幸せの声と歌のミルクをたっぷり、か・・・」

私には、全く枯渇していた。ひどい渇きを覚えるのも、そのためだったか？ああ、それに言霊。これは、込み入ったことになりそうだ。いずれにせよ、まずはなんとか醒めても声の悪夢に支配されている状況から抜け出さなければ。

19

杉原とカフェで再会し相対すると、互いの立場の変化を感じずにはいられなかった。彼の方が、私よりもよほどさっぱりしている。まるで私がセラピーを受ける体だった。

「佐渡ヶ島の荒海に向かって、全部ぶちまけられたのがよかったな」

彼は身をのけ反らせ、回想風に言う。

「今でも、頭の中で轟々と荒波がうねり、絶えずあの女の声を打ち消してくれています」

話が講釈風になっていくのが鼻についた。

「時代を飛び越えて、荒くれた海に置き去りにされた偉人の魂の声を聴けた格別の体験だったわけですしね。おまけにその後、激戦地での血腥い体験にまで遭って、灰汁抜きされましたものね」

いきおい、私も仰々しく応えた。彼は硬さに気付いて苦笑いし、子供っぽい仕草で髪をかきあげる仕草をした。恋人同士が戯れるカフェ「オイディプス」の天井画と、違和感なく解け合っている彼を見るのは初めてだと思った。

杉原は、呆気に取られている私から話題を逸らすふうに姿勢を正し、

「でも、これだけで、執拗な声の問題が完璧に片付いたわけじゃないんです」

と言った。

「しかし、もう解決の糸口が見えるところまで到達したようじゃないですか？　そこまで来れば、達成したも同然では？」

「ぼくの場合、あと二、三段階だな」

「それはどんな？」

私は好奇に駆られ、身を乗り出した。

「なあに、いちばん手っ取り早いのが、彼女を凌ぐ新しい恋人を見つけることですよね。あの女を越える人なら、いくらでもいる」

「ふむ、最も直接的かつ単純明快な発想ですね」

「それは、わかりきった話しですが、そうは簡単に行かないように男女のしがらみは仕組まれている。実際、あんな女にさえ、中途半端な未練のせいで、ぼくはずいぶん引きずり回されてしまいましたからね」

杉原は、自分の男としての性を呪うように、いかにもいまいましそうに言った。

「男は、我ながら始末におえないところがありますからね。上手く行けば行ったで、簡単に自惚れて目移りするのも自制できない甘やかしもあるし」

「高邁なセラピストを、下世話な話しに引きずり下ろして恥じ入ります。支えていただきながら、目一杯暴れることができたお陰で、未練の方もだいぶ薄れてきたというのに。あとは、新たな出会いに向けて準備段階に入ったってことを、率直に言いたかっただけです」

杉原は言って、腹の底から笑った。羨ましいほど眩しかった。が、それにしても、彼の変わり様には、出来過ぎたものが感じられはしないか？　この正直さには何か裏がある、と勘繰らずにはいられなくなるものを感じた。

「どこか、お具合でも悪いんですか？」

逆に杉原が、私の不審を察し、探るように訊いた。

「いえ、多少疲れてはいますが、さほどでもないんです・・・」

私は彼に疑念を悟られるのを避けるように、否定してみせた。しかし、私の視野は、鎮めようにもそう易々とは収まらないほど揺れていた。彼が語って聞かせた佐渡ヶ島の荒海の情景の断片が入り交じり、大波のうねりと共に私をもさらうようだった。私も、自分が限界に達しているのを認めないわけにはいかなかった。荒波の間から、悪夢に見た夢幻能の面が過り、私の背を押した。私は意を決し、私自身を最近襲った異変を大きめの身振りを交えながら彼に告白し始めた。

「そんなにぼくが負担を掛けているとは知らなかったな」

余計に杉原には深刻に映ってしまったようだ。彼は、これまでに見せたこともないほど素朴に済まなそうな顔になって言い、私の話しに耳傾けた。

「私もどうしてよいか、ちょっと狭いところで固まってしまっていたんですね。そんなところへ、あなたの佐渡ヶ島の荒海の話しが、こんなに強く自分に響くとは思ってもみなかった」

「そうですよ、あなたも、いったん今の場所を離れて少し厳しい自然の中に身を晒してみるのもいいかもしれませんね。セラピストに、偉そうなことは言えませんが」

「いえ、何か活路が見いだせそうな気がしましたよ」

言って、私は彼に力無い微笑を返した。

20

杉原の変わり様は、「癒しの家」に戻ってみると、私と君を、丸く掘られた穴の底にでも取り残していってしまったような観を際立たせた。

君の沈黙は世俗を離れてより深みを増し、君の相貌自体も浮世離れした、宇宙の真理の中にのみ住む人のそれを想わせた。想像を絶する絶対君主の気まぐれと脅威との闘いによって練り上げられた面持ちと言うべきだったか。私を脅かし続けた絶対君主の面影はそこにはなく、君自身が勝ち得た静謐な表情が現れているようにも見受けた。君はその表情のまま、ほとんど瞬きすらせずに窓の外を見遣って一日過ごした。その達観した態度は、一つの安住の世界を見いだしてしまったようで、私はすでに必要とされていない、というふうだった。

「だいぶ、分かってきたようだね」

日常的な仕事に忙しそうな棚橋先生は、横目で私を見て、ポツリと言ったきりだった。大きな歯車は、私をも日常の、何も考えない、ただ忙しないだけの回転に、嫌が応でも巻き込もうとしている。そこはただの空虚。ちょっと見、悟ったような空無に似てはいるが、全然別物。何も考えない、空っぽなだけの空無そのもの。そんな空無と無縁で過ごしたくてこの仕事を選んだが、実情は異なったようだ。ほんの少し、抵抗をゆるめ、気を許したが最後、私もその空無に吸い込まれてしまうだろう。しかし、そうすれば、このジレンマ、苦しさからは救われるのだろうが・・・。

私は、最後の抵抗の鎖を引きずりながら街を流離った。今どき、泣き言を開けっぴろげに喚く人間も珍しいと見える。吼えたところで、共感の応えも返ってこない。一人悶々と格闘する覚悟を決め込む他ない。新入りの私にとって、まさに一年目の正念場が訪れたようだ。さて、勝手に突き詰め過ぎて帳尻の合わなくなったこの自分を、どう埋め合わせればいいのか？　純粋、と信じたかったが、やはりただ世の中に付いていけない要領の悪さの報いに過ぎなかったか？

家庭に収まり所を見いだし癒されたいと感じるが、生まれたばかりのヴィーナスの世話に没頭する妻は、私の状況など理解できるはずもなく、さらに遠ざかって感じられた。

孤立無縁を感じるほど、私は〈声〉の脅威に晒された。覚めても続く悪夢の中で、腹の底に響く呪いの唸りと共に、奇妙な西洋の仮面か妖怪の小狡そうに笑う顔（いや、もろに蛆の吹き出た屍の顔だったか、それともやはり「姥」の能面？）が眼前に立ち塞がった。どんな舞台演出家でも、ここまでの恐怖は演出できないだろう。思ったとき、君が描いた真っ黒な蝙蝠の翼さながらの絵と重なり、何やら暗鬱な影が私の上にふわりと被さってくるのを見た。《うわー！》私はもう、心に叫ばずにはいられなかった。

私の耳の奥に響く不気味な声は、一過性のストレスのせい？それとも、何か病気？あるいは幻聴？

私は怯えながらも心落ち着ける当てもなく、酒場を転々とした。酔客に絡まれるのが関の山なのに辟易し、それでもまだ帰宅する気にもならない。深更に至って、何とか心開けるマスターと出会えたのは、書物がたくさん置いてあるバーだった。しかし、濃いウイスキーを煽っても、悩ましい〈声〉についての思いはこびり付いて離れなかった。手当たり次第に店の本を引っ張り出し、紛らわそうとする。しかし、いつの間にかまた、声に関わりありそうなところを繰っている有様だった。

「何か声に憑かれていらっしゃるようですね？」

マスターが、穏やかな声で怪訝そうに問いかけてよこした。

「ええ、都会の音に疲れたって言いましょうか」

「どこへ行っても、騒音やら、口うるさいのばっかりですからね」

マスターは言って書棚に張り付き、参考になりそうな本を、ありったけ探して持ってきてくれた。心遣いに救われた気がして、私はようやく考えを集中し、まずは無造作に声に関する言葉をノートに綴り出した。

《歓声、罵声、喚き声、呻き声、囁き声、呟き声、小声、大声、歌声、鳴き声、泣き声、涙声、がなり声、産声、裏声、笑い声、忍び声、掛け声、曇り声、地声、金切り声、笛声、潤み声、作り声、含み声・・・》

声には、これほど様々の情緒と結び付いた表現があるのだ！ 耳の奥で幾種もの声が湧き起こっては消えていく。しかし、これだけ声があるのだから、声無しで生きることは、どれほどの虚無を体験することになるか、計り知れない気がする。

さらに、声に対する態度も様々ある。

《声に耳傾ける、傾聴する、拝聴する、聞き流す、聞いたふりする、耳塞ぐ、耳をすます》

一方、声に敵対し、

《声を封じる、聞かない素振り》

ああ、そして究極の

《声を発することを全面的に禁じる！》

どう見ても、重過ぎる、残酷なほどだ。それほど声を発することには気をつけろ、という意味も含まれているのか。

狭い眼前の出来事に捉われてはいたが、最近多くなった外国人の声はどうだろう？ 地図上の国境とはまた別の、言葉、声による国境さえ感じるようになったが、声の意味も微妙に異なってくるのだろうか？

《声・voice・voix・voz・voce・Stimme・・・》

各々の人の中で、〈声〉はどんなイメージを膨らませるのだろう？ 例えば日本語の声というとき、極めて独特の、ずっと古代まで遡った声の響きも聞こえてくる。

み吉野の 象山の際の
木末には ここだも騒く
鳥の声かも
山部赤人

夏の夜の 臥すかとすれば 郭公鳴く一声に 明くるしののめ
紀貫之

「日本語と外国語の、声に対する感じ方の違いに興味をお持ちのようですね」

私の関心を悟ったらしく、マスターは、何やら洋書を開きながら、

「ドイツ語で、声に深く関わっているといえば、ハイネの『ローレライ』でしょう。一部の引用ですが、妖精の美しさと歌声が、ずいぶん魔力と神秘を帯びた表現で描かれていますね」

と、Loreley の詩句の一部を指した。

Sie kämmt es mit goldnem Kamme,
Und singt ein Lied dabey;
Das hat eine wundersame,
Gewaltige Melodey.

「とかですね、少し飛びますが、次のような辺りに」

Ich glaube, die Wellen verschlingen
Am Ende Schiffer und Kahn;
Und das hat mit ihrem Singen
Die Loreley getan.

Heinrich Heine

「一方、フランスの詩人ボードレールの詩に、こんな面白い一節があります」
マスターは、さらに別の洋書を開いて指さした。よほど本好きなマスターと見える。感心しながら、その指先に眼を遣った。

Mais la voix me console et dit: «Garde tes songes:
Les sages n'en ont pas d'aussi beaux que les fous !»
Charles-Pierre Baudelaire

「夢を大切にせよ。賢人達は狂人達ほど美しい夢を抱いてはいないのだぞ！　というふうに、声は過激なくらいに、教えを諭す神の声のように謳われているのが面白いですね」

マスターは、訳しながら言った。

「素晴らしい・・・しかし、こんなことをお話ししているうちに、やはり大和心をくすぐられたせいか、日本の奥深くの自然の中に響く素朴な声が、急に懐かしくなってきました」

私が言うと、

「山でも行かれるとさっぱりしますよ。とても疲れていらっしゃるようだから」

と、洗ったグラスを白布で拭う作業に取り掛かりながらマスターは応えた。その優しい声音に、私は気持ちが大きく揺り動かされるのを感じた。実際、この現実から一時的にせよ逃れなければ、耐えられなくなるのも時間の問題だろう。かつて杉原が佐渡ヶ島まで渡ったように、私も久しぶりに都会を離れてみよう。この前、彼が確信的に勧めた言葉も、私を強く後押しした。マスターの言葉といい、セラピーの力が人の心を動かすのは、こういう時、こんなふうに心をさらってしまうものなのだと、実体験した気もした。

私に思い浮かんだのは、故郷の街から遠くない山奥の集落にある小さな宿だった。そこは私の隠れ家的な存在で、学生時代に勉強に行き詰まったり、片思いの辛い時期に訪れたりした。私は声こそ失わなかったが、思い返せば、君の気持ちに通じるものを一杯持ち併せていた。——結局報われずに心は荒みっぱなしだったが、もしあの山の宿がなかったら、私はより惨めな時を過ごす羽目になっていただろう。

長い間行っていなかった山の中の集落の情景が濃く甦った。たちまち眼前に、凍りついた満天の星空が浮かんだ。想像の彗星が、東京の空では見られない山の夜空独特の星屑の尾を引きながら、大渦を描きつつ谷底の集落へと導いた。

霧立ち込める湿原に咲き乱れる水芭蕉、段々の岩を下る白滝、今時珍しいブナ林、コブシの花、山桜。

夏には、宿の部屋を、何の違和感もなくオニヤンマが横切る。樹林に溢れるクマゼミ、ツクツクボウシの鳴き声、鳥の歌声、夜の虫の鳴き声。

「思い出が一挙に吹き出してきて、もう居ても立ってもいられない気持ちになりましたよ」

「思い立ったが吉日だ。さっそく行ってらしたらいい。そういえば、先ほどお見えになった時よりも、ずいぶん顔色が良くなってますよ」

マスターに言われるまでもなく、活気が甦っている自分を感じた。

翌早朝、古いノートから山の宿の電話番号を探し、掛けてみると、懐かしい老女の声が応えた。宿の老女も、私のことを覚えていてくれた。さっそく訪れる日を決めてしまった。

21

地方のターミナル駅から、山奥の県境へ向かう一日数本の列車に乗る。たった二両連結の列車が、傾きかけた陽に照らされた広大な雪一面の平野を突っ切り、徐々に山間部に差し掛かる。日が暮れるまでに、宿に着けるだろうか。懐かしさに心ときめき出した。

雪深い谷川沿いの無人駅に、列車が到着した。他に乗降客もない駅のプラットホームに降り立ち、辺りを眺め回す。深い雪に閉ざされた山の切り立った斜面には、尖った杉の樹影がのぞく。頬の皮膚がひび割れそうなほど冷たい空気中には、山間から射す夕陽を受けてダイアモンドダストがキラキラ舞った。靴底で、新雪を踏む音が、キュッ、キュッと響く。

駅前からしばらく登りの雪道を歩き、段々の小滝を左手に見る辺りで尾根の頂きに達する。そこから先は谷底へ下るゆるやかなカーブとなり、すでに青みがかった光の中で肩を寄せ合い、眠る準備を始めた生き物の群を想わせる小さな集落が見え始めた。

私は生気を取り戻し、息が弾んだ。哲学するまでもなく、私の気息（pneuma）は、目に見える活発な蒸気となって立ち現われ、新鮮な空気の中で小躍りした。

集落の真ん中には、小さな吊り橋がある。人の住む集落と深山を結ぶ、いわば此岸と彼岸の橋渡し。いきなり心は此の世とも思われない世界に連れ去られる。

吊り橋を目指し、傍らの斜面の足元に谷川を見下ろす雪道を歩んだ。深い雪の間を蛇行する黒々とした谷川の流れは饒舌だった。苔蒸した岩を洗うせせらぎの音が無数の言葉を語りかけてくる。私は耳を澄まし、音色を確かめた。どうやら都会で私を脅かした声は、今のところここまでは追ってこないようだった。

間も無く集落に入ると懐かしい道は以前のままで、迷わず宿にたどり着くことができた。呼び鈴など無く、ガラス扉を叩き「こんにちは」と大声で言う。深い雪から守るために二重になった奥のガラス扉が開き、電球の明かりが灯ると同時に人影が現れた。

「あいやー、久しぶり！」

嘆声を発した宿の老女は、厚手の着物を纏い、手拭いを頭に被っていた。以前より腰の曲がりが目立つようになったとはいえ、私に目一杯歓迎を表わした顔の艶は以前と変わりがない。皺が刻まれるほど、山の生活の年輪が濃く染みて読み取れる人だ。

家屋の中に招じ入れられると、囲炉裏の炭や魚の焦げる濃い匂いと入り交じった温い空気に包まれた。数年前と変わらぬ黒ずみ木目の浮き出た床板、手垢で汚れた傷だらけの柱、使い込み手垢の染み付いた箪笥、鈍い光を放つ台所、質素な食器。安堵が広がり、心和みだす。

「懐かしいおばあちゃんの家に来たみたいだ」

思わず嘆声を発すると、老女も表情を崩し、「なーんもねぇとこですけど、まあ、ゆっくりしてってくらっしゃい」と、言った。

部屋に落ち着き、着替えを済ますと、早々に夕食の準備が出来ていると告げられた。

囲炉裏端に、老女と相対して座った。炭が赤々と熾り、天井から吊るした鍋が沸騰して汁を噴いた。鮎の串刺しを焼きながら、老女が語ってくれた山の生活の美しさについての話しが心に染みた。流暢とはほど遠い訥弁だったが、心籠る声と言葉だった。

「とくに、月のきれいな秋の夕べは、何年住んでもいいもんだなあ、と感じます」

夜空を見上げる仕草をしながら感慨深げに言う老女の声は、ツヅレサセコオロギの鳴き音が響く山の月夜の情景をくっきり浮かび上がらせた。その話しは、是非今夜も外の景色を肌で感じてみたい気持ちをそそった。私はさっそく夕食後、明かりの乏しい表に出てみようと思い立つ。

「今夜は、嵐も止んでよかった。川にだけは落ちねよう、気を付けてくらっしゃい」

老女の声を背に受け、凍りついた雪道を集落の中心に位置する吊り橋のたもとまで下る。太いロープに掴まり、滑り易い足元に気を付け、恐々橋の中央まで歩を進める。ロープにしがみついたまま息を潜めた。闇と淡く光る雪に押し包まれた谷底の静まり。暗黒に蛇行する谷川のせせらぎのみが語りかけてくる。川が大きく曲がり、清水が淀んだ部分が漆黒の鏡となって星のきらめく空を映し出している。冷たい輝きが足裏に突き刺さってきそうなほどの澄み渡りぶりに、体の深いところから慄きが襲った。

オリオン座、ふたご座とくっきり読み取れる星座を指で追ううち、おうし座、そして、おおいぬ座もさりげなく瞬いているではないか！　さらに、明るい星を結んだ冬の大三角の構図もしっかり見える。慄きが高じ、この大宇宙の構造と共に、無謀な冒険心も目覚めた。吊り橋を揺すってみたくなったのだ。ブランコを揺する要領で全身をたわめて脚から力を放つと、軋みと共に橋がわずかに動いた。足元に映った宇宙全体も、揺れ出した！　山も谷川も象牙黒色の夜空も満天の星々も、一緒に同じ振幅で。やがて、驚愕に飲まれた私の中で、大きな星辰の点描は、ひと際輝く北極星を中心に回り出した。雄大な宇宙と溶け合う一体感に、私は太いロープにすがりついたまま、しばらく身動きもならなかった。

私はその時、何か声が聞こえた気がした。谷底に響く声。動物の叫びのようでもあり、谷間を渡る風の、ロープとの間の風切り音だったのかもしれない。いずれにせよ、私の腸の深いところに響く奥底からの叫びだった。まさか流星の音でもあるまい。宇宙の底の山々に、ずっと昔から怨念のようにこびりついて木霊し続けている声を聞いたような、そんな不思議な感興にさせられる声だった。《まさか、山の胎内からの声？》捉えどころのない声に戸惑い、私は山の霊に取り憑かれたような這う這うの体に陥り、どれほど呆然となっていただろうか。かろうじて宿に帰り着いた時にはなお、半分夢に浸かったような足取りのままだった。

入浴して床に就こうという時、階下の仏間から老女の読経の声が聞こえてきた。その声に、私は、はっとなった。蝋燭の煤で汚れた仏壇の前で、朝夕唱えられる老女の読経の声だった。以前訪れた時にはさほど気にも止めなかったが、今回は違った。弱くなり、また強くなり延々と続く声。数珠を擂り合わす音、鉦を叩く音。私は布団に入り、部屋を暗くし、読経の声に耳傾けた。山の静まりのせいだろうか、その声は殊更胸に響いてくる。《もしや、様々の喜びや悩ましさの声の原点は、こんな響きに近かったか・・・?》これまでの〈声〉との悪戦苦闘を全てさりげなく包みこんでしまいそうなその声の強弱の連なりに、ほとんど酔い痴れていた。同時に、耳の奥から鼻にツンと沁みて、眼窩の奥がひび割れる感じがした。心の殻がぶち破られて、聖らかな光に充ちた世界が開かれる気がした。《「癒しの家」の君が、遠い幸福の惑星に思い描いた世界も、もしやこんな眺めに近かったのではなかったか?》声に敏感になったお陰で、ささやかな読経の触媒作用によって、私も想像力が刺激され易くなったせいだったか?あるいは、久々の一面の雪に、心のあらゆるものが浄化されたせいだろうか?私は、部屋の闇に目を凝らした。雪の影が青味を帯びて感じられる。私は雄大な瞑想の渦を感じ、自らを中心に回り出すのを感じた。谷底から見上げた満天の星空が、相変わらず暗い天井でも回っていた。そこから星々が降り注ぐ。吊り橋で感じた宇宙との一体感に飲み込まれた。世阿弥に惹かれて荒海の佐渡ヶ島まで渡った杉原のことが浮かんだ。それに連れ、世阿弥が「風姿花伝」の中で、「麒麟も老いては駑馬に劣る」と一般的な老いの観念にもかかわらず、芸を極めた人には「花」が残ると記している言葉が甦った。まさに、老女が経を唱える声の中には、この「花」があり、熟成された「花」とは、今まさに聴いている声が放つ魅惑を指しているのではないかと思った。

その晩は、久々に悪夢にも飲み込まれず、怨霊の数々の面も襲って来ず、翌朝、純白の雪原のような目覚めを迎えることができた。むしろ怪しむくらい生まれ変わった気分のまま、集落の雪道を気ままに彷徨った。深い雪に半分埋もれた牛の飼育小屋からは、作業唄と思われる歌声が聞こえてくる。牛の荒い鼻息に和するように、飼育する人が歌っている。聞いたこともない歌の節。耳につく不思議な歌声だった。かつては気にも止めなかった作業唄まで、声と絡まって耳に付く。歌の節を繰り返し口ずさみながら、集落の傍らを貫く街道の方まで下っていく。除雪された雪道を、車が行き交うのが見えてくる。

街道から、何やら大音響を発する車が山道に入ってきた。選挙活動カーだった。山の静寂が、スピーカーから放たれた押し付けがましいだみ声によって掻き乱された。一方的に単純な政治スローガンを自己主張する声。そして候補者自身の名前の連呼。が、都会ならばうるさいだけの声が、山間では峰々に木霊し、複雑な反響の渦をもたらした。私はたちまち声の不可思議に連れ戻された。木霊の起源として、遠い昔、山奥に住む妖怪の仕業と信じられていた訳にも納得いく気がした。しかも今、それが発する魔力を、直に感じたような気がした。このダミ声が、電波の木霊に乗り、その魔力によって国民の血を迷わせ、戦争に駆り立てたことすらあったではないか。

木霊が発揮する魔力まで思い及んだところで、遠く、「癒しの家」にいる君のことがにわかに気に懸りだした。新雪を踏み締め、展望所にもなっている峰の瘤の方目指して登りつつ、考えた。――君が「癒しの家」に両親に連れられて来たのも、ただの憩いを求めてのことではなかったはずだ。君はかつて他の病院で、強い薬物療法や催眠療法、麻酔薬に似た強い注射、そして電気ショック療法のような荒っぽい治療まで受けてきた。結局何の効果もなかったそれらに恐怖を抱いた両親と共に、「癒しの家」にやってきたのだった。いわば、最後の癒しを求めて。しかし、私は「箸にも棒にもかからない」とか、「空無」とか、「了解不能」とか、難解な言葉に突き当たり、その度思考停止に陥らざるを得なかった。しかし、たった一言発するだけのことに、いかに込み入った事情があるにせよ、袋小路の奥で身動きできなくなっている君を救い出すため、あくまで最善の方法を模索し続けるべきはいうまでもない。しかし、それが易々と見いだせたら、今どきこんなところにいなかっただろう。峰の瘤にたどり着いて振り返ったとき、新雪に残った自分の足跡に、これまでの格闘の跡を見た気がした。

だが、模索の最中、君から学んだ大切な真理もある。

《書いた文字は消せるけれど、声に出したことは消せないんです》

この際、私も思いっきり叫び、山の中に、決して消えることのない声を残していこうか。昨晩、吊り橋の上で聞いたような不思議な声を！　さて思い立ち、なんと叫ぼうか、しばし躊躇った。《ヤッホーでは単純すぎるし、自分の名前を叫ぶのも、おこがまし過ぎるし》結局、私が発したのは、喉から絞り出した呻きとも言葉ともつかない叫びだった。動物的な荒々しい雄叫びのような声。たぶん、杉原も、佐渡ヶ島の荒海に向かって叫んだ声もこんなふうだったのではなかったか？　叫びは、期待したほどではなかったが、静まり返った雪の山襞に吸われながらも、小さな木霊となって深山の奥へ消えていった。幾分腹のわだかまりも解消された気がした。

が、偶々下の雪道を通りかかる人がいた。宿の近くの顔を見知った集落の人だった。彼は、私の奇声に驚いた様子で、挨拶にも応えず足早に去っていった。

宿に戻ると、老女の不安げな顔に会った。先ほど峰の瘤を通り過ぎた隣人が、私の奇声について告げたものにちがいなかった。

「何か心配事でも抱えて、こんなところに来てらっしゃるのじゃないか？」

老女が、気遣う顔で訊いた。

「そうなんです。色々東京ではストレスのことがありまして。こちらで何か発散できるものがあれば と・・・」

と私は大雑把に告白した。老女は考える間もなく、何か思い付いた顔になった。壁のカレンダーを指でなぞり、そして探り当てた様子だった。

「ちょうど明晩、山から下った麓の街で、珍しい裸押し合い祭りがあります。世の中では、奇祭と言われてっけども、その祭りをご覧なられっば、冷てぇ水に心すっかり洗われて、元気になられっかもしれん」

と告げてくれた。その祭りは深い雪の中、夜の毘沙門堂で、町の男たちが褌一丁で会し、冷たい水の中で身を清めた後、裸で押し合い、福物の餅を奪い合うという勇壮な祭りとのこと。

「お話しを聞いただけで、元気になれそうな祭りですね。是非行ってみたくなりました」

「ええ、きっと元気になるっしょ。そしてまた、あったこうなったら、おいでくらっしゃい。山菜が美味しいですから」

私は、老女に礼を言うと、さっそく麓の町の祭りへ向かった。

その晩雪深い町で目撃した祭りの情景は、老女の話に違わず見応えあるもので、胸の透く思いがした。褌だけの男たちが隊列を組み、太い蝋燭を抱えた男を先頭に前進し、次々に龍の噴水のある泉に裸で飛び込むと、毘沙門堂に踊り込み、ぶつかり合う。「ほぃっさー、ほぃっさー」と掛け声と共に男たちは押し合い、他人の体をよじ登り、少しでも幸運の餅に近付こうとする。ぶつかり合う裸の男たちからはもうもうと湯気が立ち上り、絶えず冷水が浴びせられないと火傷をするほどの熱気だ。夜の毘沙門堂は、内部で押し合う男たちと、何重にも取り囲む観客たちの熱気に包まれ、新たなエネルギーが醸成される陶酔の声に充たされた。深い雪の中で、可能性の萌芽が育まれるのを見る思いがして、確かに自分の中で、何かが甦る力を感じた。

22

「どうでしたか、山の宿は？」

ここに至って立場が逆転したと言ってもいいほど落ち着き払った杉原は、カフェ「オイディプス」の椅子にゆったり身を仰け反らせて訊いた。そのふてぶてしさが、私には不快に感じられる以前に、不思議に思われるほどだった。

「山にいる間だけは、全く別人でした。特段声に悩まされることもなく。むしろ逆に、山に篭った奥深い声を聞いて腸から震えたり、驚きの祭りに出会って、心洗われたりしましたから」

「ほお？」

杉原は、にわかに興味深そうな顔になった。私は山での体験を彼につぶさに語りながら、彼の変化についても窺った。

・・・もちろん声の当事者は杉原ばかりではない。「癒しの家」の君も、私の不在を心配していた。休暇を取って山の宿へ出かけていたことを、君はちょいちょいと細い指で私の肩を突き、メモに書いて不安げに尋ねた。私はこれもひとつの好機と捉え、山の雪の静まりの中で、自然の声のメカニズムについて自分で考察したことを噛み砕いて君に話してみた。君が言うように《声に出したことは消えない》を証明するように山で叫んでみたこと、木霊、雪の中の奇祭とか。君が関心を示すきっかけになり、少しは君に癒しと声の問題を解く糸口を与えられはしないか、期待もあった。しかし、案の定と言うべきか、君の反応はあっさりしたもので、鼻で「ふん」と嗤う素振りをすると無感動に自分に返り、また俯いて自らの内面に沈んでいってしまった。・・・

さて、深い雪の中での体験を杉原に語り終えると、

「それは、素晴らしい体験でしたね。ずっと山と雪の町にいられればよかったのに。しかし、そうも行きませんからね」

と、彼は深く頷いて応えた。相変わらず、数週間前の彼からは考えられない落ち着きぶりだった。

「まったく！戻ってしまえば元の木阿弥ですよ。難題は解けないままだ」

「セラピストとして、一度は乗り越えなければならない関門なのでしょうが、それにしても辛そうだ。ぼくが言うのも差し出がましいですが、実際、現状はどんなふうなんですか？」

「山に行っている間途切れていた悪夢も、連載ドラマのようにそっくり甦ってきて。おまけに、耳鳴りと眩暈も、むしろひどくなったようで。これまでにも、思いつく限りの病院も受診してみたのですが、結果は思わしくなくて・・・」

「声に食らいつく余り、あなたまで、そんなことを。もっと詳しく教えていただけますか？」

杉原は、何か企みがあるふうに、余裕たっぷりの目付きで訊いた。私は躊躇いつつも、未だ衰えない好奇心にも動かされて、現状を包み隠さず告白し始めた。

「声を突き詰めていった果てに、声か耳鳴りともまごう音が付きまとって離れなくなったんです。ミイラ採りの喩えじゃあるまいし、おかしな話しですね。普段は周囲の音に紛れ、消えています。しかし、静寂がいけない」

「うむ、そうか。声について追求し過ぎた果てとは」

杉原は腕組みし、薄笑いを浮かべつつ、何やら思案する素振りだった。そして、意を決したように口を開いた。

「驚かれるかもしれませんが、少し変わった提案があります」

「へえ、どんな？」

私は、口だけは興味有り気に、目には不審たっぷりに訊いた。

「私の高校の同級生に、空想好きの変わった女性がいましてね、今では眼科医になっているんですが。彼女ならば、親身なって相談に乗ってくれると思うんですが」

「えっ、眼科ですって？　眼の病気だなんて？」

「ええ、不可解に思われるのも承知の上での提案です。でも、一度騙されたつもりで会ってみていただけますか？　谷川に映った美しい星空に心奪われたとか、宇宙と一体になって、山奥に篭った木霊を聞いたとか、あなたの話しを聞いていて、彼女のことがピンと来ました。ぼくも、世話になって、ずいぶん力を与えられたものですから」

杉原は思わせぶりに、かつ、彼女の存在を何やら示したい素振りで言った。その様子に、私は、彼のここまでの変化に何か関わりありそうな流れにもなってきたと直感し、俄然、興味が湧いてきた。「目は口ほどにものを言い」の伝ではないが、眼科から、意外な活路が開ける可能性も否定できないではないか。

「笑われるかもしれませんが、私は夢の中で言霊の姿を視覚的に見て、余計に怯えていた。その判断が間違っていないか、確信を持てないこともあった。今突然あなたに、眼科医の受診を勧められ、その突飛さが案外、答えを与えてくれそうな気もし出したんです」

「なるほど。相当に飛躍した発想ですが、ご紹介する眼科医もまたかなりの変わり者です。結果については、請け負えませんが、試すだけの価値はあるかと」

「ええ、了解しましたよ。是非お会いしてみたくなりました」

私の応えに、杉原は含みのある笑顔を浮かべた。私は、余計に好奇心をそそられた。

23

翌週、カフェ「オイディプス」で、杉原と一緒に例の眼科医が現れるのを待った。私は緊張し背筋を伸ばしているのに、相変わらず余裕の杉原は、悠然と背凭れに腕を回すポーズを取る有様だった。

「あなたが数週間前とは別人のようになり、ほぼ声の煩いを克服できたのも、もしや、これからご紹介いただく眼科医の力に負うところが大きかったのですか?」

私は、焦れる気分に乗じ、訊いてみた。

「ははは。それは、会ってのお楽しみというものですよ」

彼は、ここぞとばかり、思わせぶりな表情をたっぷり浮かべてはぐらかした。そうこうするうち、自動扉が開く。薄暗い店内に外光が射す。軽妙な足取りとともに、「はーい」という調子の高い声で若い女が手を振り近付いてくる。その仕草、派手なピンクのコートといい、まるで勉強をしない女子大学生のノリの感覚だった。まず医師としての信頼を問うなど論外だった。

「羽木田と申します。よろしく」

短く口先で挨拶したものの、その仕方と来たら、顎を突き出したまるで女王様風で、それだけでもう席を蹴って帰りたくなるくらい不愉快な気分に陥れる。私の前に真っ直ぐ腰を下ろすと、細長い脚を組み、気取った仕草で右手を振り上げ、この季節に臆面もない声でアイスクリームを注文した。

私は杉原の方に目配せし、《何か悪い冗談のつもりかい? お医者さんごっこにしたって、これじゃあ、あんまり莫迦気てるってもんだ。いい加減、帰らしてもらいたいのだが?》と、目一杯抗議と嫌味のサインを送った。しかし、彼はフンと鼻で嗤ったきり、取り合おうとしない。彼女の方も、気づいているはずなのに、動じる気配もない。

「よろしくお願い致します。杉原さんからはお話しを伺っていましたが、どこからお話ししたらいいか・・・」

不本意ながら、形式的に挨拶しながら、相手の出方を窺った。

「ええ、どうぞ焦らなくて結構ですから、最初からゆっくり思い起こして、順に話してみてください」

そう言うと、彼女は頬杖を突き、私の顔を真正面から見つめた。眼光だけは、いやに鋭いと思った。しかし、その派手過ぎる化粧といい、アクセサリーに対して、とても気持ちを込めて自分の〈病歴〉を語る気がしなかった。だが、傍らの杉原の変化を思えば、ふてくされた気持ちを露わにすることもできなかった。私は、今にも吹き出しそうになるのを目一杯押さえ、淡々とした口調で、地にめり込むような眩暈（彼女の独特の眸の鋭さが容易に想起させた）を感じ始めた頃のことから渋々語り出した。

「最初、耳鼻科では、メニエール病の疑いがあるということで、ぐるぐる回転する検査とかいろんなものを受けました。しかし、経過を見るうち説明しきれないものがあるらしく、脳外科に回され、脳腫瘍とか脳血管障害の疑いもあるのでCTやMRIも受けましたが、これも異常なし。なおも原因について懸命に食い下がる私に、自律神経失調症、咬合とか頸椎の異常、過労、貧血、不眠症、果ては性病不安までほのめかされてしまいましたよ。納得のいかない私は、自ら進んで同僚に心理カウンセリングを頼んでみたり、他の病院も当たってみましたが、しつこい症状に見合う原因は突き止められなかった。だけど、杉原さんに勧められ、思えば一つ盲点があったことに気付いた。それは、この眼です」

話すうちに調子に乗ってきた私の言葉の流れを聞きながら、彼女は、運ばれてきたアイスクリームを充分に味わうように口に運び、スプーンを舐めた。口は子供で、眼だけはまともに（半端ではなく鋭く）私を見ている、というその表情に、ついに堪えていた笑いを吹き出してしまった。悟られまいと、慌てて咳払いでごまかすと、彼女は「わかったわ」と言って、もうひと匙アイスクリームを掬って無遠慮に舐めた。それから唐突に、

「あなたなら特別患者扱いで診てあげる」

と、耳慣れないことを言った。

「なんですか特別患者って？」

「一般的には正規の窓口を通らないで、我が物顔に好きな時間にやってくる患者のことよ。とかく人は特別待遇というのを好むものだから。だけど実際には待ち時間の問題だけで、中身は大して変わらないのにね。いえ、むしろここだけの話だけれど、病院の中じゃあ特別患者に限ってトラブルが起こるなんていう嫌なジンクスが囁かれているようなところがあるの。あまり人物の威光が強くて目が眩んでしまったら、医者だって正常な判断や手元が微妙に狂ってくるわよね」

身を引きぎみになった私に、彼女は「あなたの場合は、ただ私が特別に診たいだけのことだから。この臆病な杉原君でさえ、大手を振って私のところには来たんだから」と、やはり杉原との少なからぬつながりをほのめかしながら言った。《それほど劇的な効用を発揮するものがあるならば、多少変わった女医でも、従う他ないのではないか？　私自身のみならず、もしかしたら「癒しの家」の君の解放にまで繋がる手掛かりが見つかるならば、少々の冒険など、どれほどの苦になろうか？》私は突然現れた、未だに理解困難な人物に対して、懸命に自分に言い聞かせるように心に呟いた。

「私の知人の病院で、もうすぐ倒産しそうで空いているところがあるわ。そこへ、午後の外来患者がいなくなる時間に、親戚みたいな顔をしてきて。他人行儀に振舞ったりしたらだめよ」と、彼女は念を押した。


たしかに、山手線から私鉄に乗り換え、都心の南西方向に数駅行ったところにある閑静な住宅街を歩き始めたとき、すでに別世界に漂い出したような気分だった。見えてきた七八階建ての病院は、外壁が無残なまでに汚れ、屋上の看板もひしゃげていて、異常な感情を掻き立てるのに、それだけで十分だった。《しかし、掘り出しものの新発見は、案外こんなところで起こるものだ》やはり私は、あの女医との初対面を思うと、精一杯自分に言い聞かせずには前に進めない感じだった。

正面のガラス扉が軋みながら開くと、倒産しかけの建物につきものの饐えた臭気が入り混じった空気が流れ出してきた。タイルがヒビ割れた床は、埃でざらついている。薄暗い廊下は曲がりくねったトンネルさながらで、人影もまばらだった。

眼科外来は、その奥まったところにあった。受け付けで名前を告げそちらへ向かうと、羽木田が約束通り話をつけておいたらしく、小窓の向こうでカルテを整理していた看護師が、「ああ」と感情のこもらない声で答え、どうぞと言ったきりまた目を落とした。診療器械ばかりが並んだ午後の外来診察室に一人佇むと、ロボットに取り囲まれたような錯覚に陥る。それがむしろ、好奇心と期待に身構える気持ちを高めた。

そのとき、「検査室」と古い墨で書かれた奥の部屋から羽木田が顔を出した。長い髪を後ろに丸め、白衣をまとった姿は、この前とはまるで別人だった。薄化粧に、細い眉毛が両脇を流れるようにすっと描かれた線の勢いも加わって、その姿は、彼女の印象を、瞬間、反転させた。

あっけにとられている私に、彼女は丸いおでこに垂れた前髪を揺らし中の方を指差した。何かに取り憑かれてしまったような気分になったまま、私は黒いカーテンを払い、暗室に招じ入れられた。そこでは、点状の赤や青の明滅が浮かび、エーテルに似た薬品臭が鼻を突いた。突き当たりの壁では、視力表の円環が、竜の目玉のように今にも回りだしそうではないか!

「まず細隙灯顕微鏡で、あなたの眼を診てみましょう」

早くも幻惑され始めた私の背後から、彼女のさりげない声がした。

「そこに座って顎を乗せ、額を付けて」

私は言われるままに、双眼鏡のような器械のアーチ型の枠に顔を入れ、彼女と向き合った。整った彼女の顔が、息がかかりそうなほど近づいた。うろたえて視線をさ迷わすと、器械から漏れた光を受けて、彼女の白い胸元に、うっすら赤い染みがあるのが目に止まった。元々の染みだろうか、それにしては厚ぼったい唇の形をしているところから、キスマークのようにも思われた。《幻惑されたにせよ、余計

なこと考え過ぎというものだ・・・》
　幾重にもプリズムを屈折した光を過らせ、彼女は私の眼を詳しく窺うと、納得したように大きく息を吐いた。私は器械から目を離し、何が見えたか問いたげな顔を向けた。が、彼女は応えず、思いがけない提案をした。
「どお、あなたもこちらの椅子に座って、私の眼を見てみませんか?」
　私は戸惑ったが、子供が父親の機械でこっそり遊ぶ時のような喜びを思い出し、つい腰を浮かせた彼女にそのまま操られるように、入れ替わって反対側に座ってしまった。開き直った私は見よう見まねで、筒に目を近づけた。すると全く異なる眺めに息を飲んだ。視野一杯に、暗黒の中心から広がる茶色の襞があり、時々海の生物のように震え、急に痙攣してすぼまった。これが彼女の眸か? 面食らいながら、先ほど彼女が動かしていた把手に触れると、細い隙間で凝縮された縦長の光の筋が動き、彼女の透明な眸の表面を、滑らかに過った。不思議な静まりだった。薄暗い部屋に彼女と籠って、秘め事に耽っているような興奮も触発された。なぜか彼女の胸元の白さが広がって見えた。先ほどの赤い薄赤い染みが、身をくねらす軟体動物のようにヒラヒラ眼前を泳いで過った。すると肉の襞が折り重なった彼女の虹彩も、海のうねりに身を任せる生物の姿に変わって見えだした。震えだした指でレバーを動かし、細隙灯の明かりを瞳孔に射し入れると、彼女の拡大された虹彩が、ひときわ眩しげにぎゅっと引き絞られた。私は、激しい驚きを覚えた。カフェで向き合っていたとき、地にめり込む眩みを想起させた暗黒の瞳孔が、拡大されて迫った。その矢先、赤みを帯びて柔らかく融けだした彼女の虹彩が渦巻き形になってぐるぐる回りだした。私はついに、その回転に耐えられなくなり、呻いた。朧げに記憶に残っているのは、その辺りまでだった。・・・

　・・・眩しい光に顔をしかめ我に返ると、小さな器械の先端に付いた豆ランプで、彼女が私の眼球を追っていた。私は、どうやら検査室の隅に置かれたベッドに寝かされているらしい。

「気がついたようね。気分は悪くない？」

問われても、私はまだ現実の地に足を着けていなかった。

「あなたは、いったい何に驚いたの？ほんのちょっと私の眼を拡大して見ただけなのに」

私の頬でもひっぱたきそうなくらいじれったそうな彼女に、私は我を取り戻した。

「ええ、それは驚きでした！今まで見たこともない魔物とでも出逢ったふうで。それで、私のしがらみと関わり深そうな手掛かりは、何か捕まったのですか？」

「なんて繊細で敏感な眼の持ち主なんでしょう！そうよ、杉原君のよりずば抜けて、ずっと興味深かった。あなたの眼は、なんと饒舌なことでしょう！」

「えっ？ぼくの眼が饒舌？どういうことですか？」

「これは、私独特の発見で、今、研究中のテーマなんだけれど。『眼には独特の言語があり、雄弁に物語る』ということと」

「『眼は口ほどにものを言い』の現代科学版という訳ですか？」

「有り体に言ってしまえばそういうことになってつまらないけれど、眼は自分の意思とは全く別に、実に饒舌にいろんなことを語っているものなのよ」

「さすが、杉原さんが勧めてくれた眼科医だ。すでにぼくの悩みの大半も読み取られてしまったような感じすらします。で、具体的に、ぼくの眼は何をそんなに雄弁に？」

「そこなのよね・・・」

彼女が何か考えながら、私の眼球の底に、鋭い豆ランプの光を這わせた。光の点が、網膜の底を舐めるのを感じた。彼女の言葉と吐息は案外深く私の中に射し込んできて、眼を診られているだけなのに、隈なく彼女に全身を見られているような羞恥を覚えた。

「私は、稀に見る多弁な眼の持ち主と遭遇することができたという驚きで一杯なのよ。今、その言葉を一生懸命読み解こうとしている・・・」

彼女は光の点を動かし、器械のボタンをカチカチ言わせながら操作し、呟いた。

ぼんやり天井を見上げながら、彼女に目の奥に光を射し入れられるの任せながら考えた。眼はそんなに饒舌ならば、「癒しの家」の君の眼も多くを物語っていたではなかったか。君が口で話すことばかり期待していたけれど、実は、君は眼で我々に対し、十分に話しかけていたのではなかったか。メモによる手書きだけの手段ではなく、彼の眼がはるかに私たちと対話していた！そのことに今までなぜ、もっと注目しなかったのだろう。私は、頭がかっと熱くなった。

「どうしたの？あなたの眼に、何か強い閃きに打たれた時の反応が出ているわ」

「そこまで読み取れるもんなんですね！」

私の声は、驚きに上ずっていた。興奮の勢いのまま、私は彼女に今閃いたこと、そして何よりも「癒しの家」の君が、もう一人の自分の禁止をかいくぐって、その澄んだ眼で私に伝えようとしていたメッセージを読み取り損なってきた悔しさについて告白した。

「彼はべつに言葉を失ったわけじゃない。声の災いを恐れているだけ。眼がその分雄弁になったとしてもおかしくはないわ」

「そうか、なるほど」

私はこんなところでうかうかしていられない気分になり、一刻も早く「癒しの家」の君の元へ帰って眼で対話してみたいものだと思った。

「あなたの焦れる気持ちもわかるけれど、そんなに急いてはだめよ。あなたの眼が語っていることが、次々に読み取れてきたわ」

「やはり、今のぼくの気持ちまでわかってしまったようですね。さあ、それでは読み取れた結果は、どうだったのですか？」

「そうね。はっきりした順から言うと、奥さんがあまりあなたに関心を向けてくれない不満とか、今の仕事上の歯がゆさ、将来の進路に対する不安、他人への羨望が鬱積した思いなどがあるわね。それから過去の挫折で、今なお引きずっている思いもある。あなた自身では気付かないでしょうけれど、実は、眼は、随分前からぶつぶつ呟きっぱなしだったてのも、読み取れてきたわ。でもこれは精神分析とは違うから、詳細まではわからない。しかし、最近の身近な出来事に触発されて、その鬱憤が爆発寸前のところにあるのも確かだわ」

「ほお、かなり興味深いものですね。ぼくの心は、一通りお見通しだ。杉原さんも、ここまで眼を診てもらったら、さぞ内省の手掛かりを得たことでしょうね」

「彼の場合、あなたと私の二股を上手にかけて、自分なりに出口を見つけたんでしょうね。ずる賢そうにも聞こえるけれど、彼なりに救いを求めて必死だったんでしょうから」

「見違えるほど元気になったのは、驚きでした。今後、この方法で救われる人も多いことでしょうね」

「そうだといいのですが。まだ見通しが全く立たないのが実際のところ。研究のための研究の段階、つまり遊びに過ぎません」

「それは、ご謙遜を。こうしてぼくたち、癒されようとしているのだし」

「私にとっても、上出来過ぎるくらいの結果でした。実のところ、最初からあなたの眩暈の原因なんて、私の診察で捕まりっこないと思っていた。でも、他の人の眼にはないものまで見えてしまったんですから」

「え、まだ他にも、そんなに特別なものがあったんですか？ せっかくの機会だ、洗いざらい教えてください」

だが彼女は、焦りだした私の視線を交わし、「ああ、おかしい。眼科の器械を使って見えないはずのものまで見えてしまうなんてね」と、思わせぶりに言い、ゆるやかに上体をくねらせた。胸元の赤い染みが宙を泳いだ。それだけで、私は眩暈を催しそうだった。それを察したものか、彼女は「いいわ」と、言って、上体を反対の姿勢によじった。

「あなたの眼は、先ほどのデータから、浅ましいほど何かの思いではちきれそうになっている。今にも破裂して叫び出しそう。ところがさらに、その声まで見えてしまった」

「え、声が？　眼を見ただけで、そんなところまで？　それは、只事では済まされない。大事件と言ってもいい」

「そんなに興奮なさらないで。確かに科学の世界では大きな事件でしょうけれど、文学や美術の世界では日常茶飯のこと。神話の神々だって、そういうふうにして目に見える形に誕生させられてきたのだし」

「はあ、まあそうですが。杉原さんが言っていたように、たいそう想像力豊かな方とお見受けしました。ですから、そんな大発見もできたのでしょうが。それで是非、ぼくの心の声を、目に見える形で示していただけたら」

「まあ随分せっかちに結論だけを迫る前に、もう少しだけ聞かせて欲しいことがあるの」

「はい。何でも？」

「あなたが山奥の集落まで行って、谷川に映った星空と自分を見つめながら自然の声を聞く変わった人だっていうことは、杉原君から聞いていたわ。その時もあなたはきっと、先ほどみたいに、うろたえたように目線をさ迷わせているにちがいない。あなたは、谷川の底に震えるほど美しい宇宙を見たんですって？　此岸と彼岸を結ぶ吊り橋のある集落ってどんなところ？　そこで、あなたは何を発見したというの？」

彼女は、不思議そうな顔で訊いた。

「いいえ、おっしゃるとおりなんですが、私のような凡人には、それ以上のものは見えません。あなたのお言葉の方が、よほどあの清冽な夜の谷川に映った星空を呼び覚ましてくれたくらいです」

「そう・・・」

彼女は物足りなそうに俯いた。

「何か、谷川に見た宇宙と、心の声が結びつくのですか？」

「ええ、もう少しはっきりしないところもあって。大切な手掛かりが欲しかった。でも、いいわ」

彼女は迷いを振り払うような笑顔になった。

「この際、見えたところまでで結構です。経過でもお話ししましたように、声とは、まさに私にとって核心の問題なんです。どんな形ですか、声の形って？」

私は食い下がった。

「とても曖昧だわ。見えそうで見えない。もやもやした霧のよう。でも、とても活き活きしている。原子核のよう。受精卵のように、どんどん成長に向かって蠢めいてる感じという方が当たっているかしら？　もどかしいけれど、これで精一杯。ここに、最近のあなたの感動を重ねられたら、もっと具体的に見えると思ったけれど、うまく行かないわね」

「いえ、一般的には見当違いと言ってもいい眼科で、これだけ診ていただけただけでも、どれだけ奇跡だったか！　もう驚きを越えています」

「ご期待に応えられなかったのは残念だわ。ほんの少しだけ、自分を知る手掛かりにさえなったならば、それで満足ですけれど」

「ええ、それはもう十分過ぎるくらいでした。ただ、この先、ぼくはどうしたらいいのでしょう？」

「まさにそこのところ、あなたにはうってつけの治療をしている知り合いの医師がいるわ。私が見たもやもやした部分に直接薬を注入する治療を試みている。具体的には、鼓膜に細い針を刺して、炎症を抑える薬を注入する治療。頑固な耳鳴りに対しても、試してみる価値があるかもしれない。あなたにとっての、また新しい入り口になるかもしれない」

「新しい入り口？」

「ふふ」

彼女が唇で軽く笑って交わしたのが引っ掛かったが、それ以上は答えてくれそうになかった。

「でも不思議なものね。これであなたが、どうやら私の眼に潜んだ力を発見してくれたようで、私さえ心の奥まで分かってもらえたような気がしてしまうわ」

彼女が手応えを確かめるように言った。

「疑いなく、あなたには何か特別な力があることは間違いない。この前カフェでお会いした時の驚きのイメージと、今日の白衣姿との隔たりの中に、私は現実を越えた力を感じました。本来なら、あなたは精神科医になるべきだったのかもしれませんね。ところが、あなたが眼科医の道を選んだところに、特殊性と何か正体を掴みかねる独創性とを感じました。私の言っていることは間違っていますか？」

私の顔を凝視していた彼女は身を引いた。その顔が赤らむのが分かった。

「面白いことをおっしゃる人だわ。でもたしかに、どんなに診療に忙殺されているときでも、いつなんどきあなたのような眸を持った人が現れるかもしれないと、密かに胸をときめかせているようなところに眼科医の愉しみがあるのも事実よ。でもいいわ、それくらいにしておきましょう。なんだか私の方が眩暈を催しそうになるお話だったわ」

彼女は、こそばゆそうに目を細めながら言った。しかし、その含み笑いの中に、何か不敵な自信のようなものを感じると、さらに今後起こってくるだろう出来事の中に、きっと彼女のこの怪しさみたいなものが深い影を投げかけてくるのだろうと、私はかすかな恐れを覚えた。

24

〈声〉そのものが目に見える可能性がある、という実体験だけでも、小躍りしたくなるような発見と驚きだった。君も、もしかしたら、声を失った分敏感になった感覚を研ぎ澄まし、声の形を見ているのではないか？今までにない新鮮な発想に衝き動かされ、私は「癒しの家」に戻った。

さて、逸る気持ちのまま君の部屋に向かい、このところベッドに突っ伏したままのことが多い君の枕元に佇んだ。私は急いてはいたが、これまでのようにいきなり「話してごらん」とも強いずに、ひたすら君の眼を見つめ無言で微笑を送るばかり。さすがに君は、不審げな顔を浮かべ、私を凝視した。丸い目が大きく見開かれ、黒々とした瞳孔までくっきり見えた。羽木田の眼を器械を通して見た時を思い出し、眩みかけたが、懸命に堪えた。君の瞳孔が口唇のように細かく震え、何かを訴え出すようにも見えるではないか！君はさすがに私の凝視に耐えきれず、目を背けた。

「もしかしたら君の眼は、たくさんの事を語ってくれていたかもしれない。お互い、眼で対話するチャンスを逃してきたような気がして」

すかさず半身になった君の背に語りかけると、ビクと肩をすくめ、振り返って鼻でクスクス笑った。可笑しくて当然だろう。しかし、君自身が笑ったものか、あるいは、絶対君主のもう一人の君だったか？いずれにせよ、今回ばかりは自信と期待も大きかったので、迷わず続けた。

「突然妙なこと、言い出してごめん。だけど、よく聞いて欲しいんだ。眼はとても純粋だ。もしかしたら言葉よりも、声よりも、直接気持ちを伝え合えるかもしれない」

しかし此の期に及んでさえ、私を皮肉り、君を心の牢獄へ連れ去っていく絶対君主の冷酷な影を直感した。君は弱々しく手を振り、もう何を言っても無駄だとサインを送ってよこした。私の意気込みも虚しく、一瞬好奇の浮かんだ君の眼からも感情の色が褪せていった。

期待が大き過ぎた反動もあったろうか、私が佇む君のベッドの傍らから「癒しの家」全体までもが動きを止め、凍えた冷気に覆われていく感覚に襲われた。しかしその心は、なぜか以前に比べ冷え切ってはいない気がする。君の震える大きな瞳孔を見た余韻が脳裡にこびりついていたせいか？　むしろ、実は君の硬い表情の奥には、眸が語っていたとおり、今までにない熱い君の内面が、ひしひしと迫って感じられるほどだった。


いきなりの試みにしては、まずまずの手応えだった。しかし、いとも簡単に跳ね返されてみると、未だに私も、君も、深く手負った昏迷の中にいるのが浮かび上がってくる。もつれてしまったこの関係から出口を見いだすには、相当のエネルギーを要しそうだ。少なくとも私は、なんとか確固たる自分を取り戻さなければならない。〈新しい入り口〉を掻い潜ってでも。

もし私がそれを潜りおおせ、甦ることができれば、より活き活きと眼での会話もでき、今度こそ君に力を与えられるかもしれない。私は君に向かい、最後の期待に賭ける思いを、眼で精一杯発した。気のせいか、君の眼が私の思いを悟り、応えたようにも見えた。

25

何か煙に巻かれたような気持ちが抜けなかった。杉原と例の眼科の女医との間に起こった出来事があまりに突飛過ぎて、未だに信じられない気がした。そして、これから先のことも不安だった。そのせいか、あの女医は、〈声〉という難敵に立ち向かうための修羅場へ通じる〈新しい入り口〉へおびき寄せる、魔女のような存在に過ぎなかったのではないかという気すらし出した。しかし、その奥に控える何やら魔術らしいものが杉原をあれほどまでに変化させたのならば、多少胡散臭くとも、セラピストとしても、大きな好奇心を抱かずにはいられなかった。彼はその際、どんなふうに声と対決する力を授けられたのだろう？　その手掛かりを求め、杉原に再会して洗いざらい訊き出すのを待つのが、これほど焦れったく感じられたことはなかった。

実際、カフェ「オイディプス」で彼と会う早々、すでに私の問いかけは懇願調だった。

「とくに、彼女が新しい入り口と、謎めいたことを言って紹介してくれた特殊な治療をする医者のことが気になって仕方がないのですが？」

「彼女を紹介したのは、まさに目的に叶っていたようですね。その後、彼女はどんな医者を紹介したのですか？」

杉原は、存外とぼけた口調で訊く。私は、何を悠長な、という思いも露わに、彼女との未だに信じられないような経過や、〈新たな入り口〉と仄めかされたことについても、一気にぶちまけた。それでも杉原は、

「ははあ、なるほど。是非、引き続いて受診された方がいいですよ」

と、ぬらりくらりと中途半端な表情で交わし、それ以上は明かさない素振りだった。仕方なく、私は

彼の謎掛けに応えるふうに、あてずっぽうに顔色を窺いながら言ってみる他なかった。同時にそれは、私の新たな模索癖を刺激し始めることにもなったのだが。

「まず第一に、眼科の器械で見た彼女の瞳孔。あれほどの入り口に直面したことはなかった。ただの驚きとは異なる、空恐ろしい呪力を秘めた入り口。自分が飲み込まれてしまいそうになる本当の恐ろしさの初体験でした。まさか、あれにも勝る入り口が待ち構えている、なんてことはないんでしょうね？」

鎌を掛けた私に対し、杉原は、相変わらず謎めいた薄笑いを浮かべたままだった。私はさらに畳み掛けるように思いつくままを並べ立てた。

「入り口、門、凱旋門、玄関、口、口唇、侵入口・・・ただの破れ目、排泄口、肛門、尿道口・・・」

むしろ私は一人勝手に、この探索に熱中しだした。

「浸入口、大学の門、刑務所の入り口、女の部屋の扉、膣の入り口、死の世界に通じるトンネルの入り口・・・」

たしかに一回潜るだけで人生の意味が変わってしまう入り口もありそうだ。

「鼻の穴、そして耳の入り口」

杉原は表情を変えながら、多寡を括ったような、またある時には莫迦にしたような顔を浮かべながら、基本的には私を憐れむような表情で、食らいつく私を眺めていた。手指で髪の毛を丸めながら聞くそのゆとりのポーズに、私は憎らしささえ覚えた。しかし、ここに至って、私は連想の発展の興奮に飲み込まれた。

「またもや耳の穴！その奥に、蝸牛の入り口が控えている。これほど精緻な幾何学的な螺旋の構造を形作り、先すぼまりの深淵に向かって得も言われぬ滑らかな回転で引きずり込んでいく入り口が、自然界にひっそり待ち伏せしているではありませんか！この魅惑的な螺旋を想うだけでも、何かありそうな予感を、ビリビリ刺激されます。耳の入り口から、さらに私は奥深い体験に導かれようとしているのかもしれませんね」

私は一人で高揚していたが、結局、杉原は一言も、私の謎解きには答えようとしなかった。そのことで、むしろ私の中では好奇心が目一杯膨らんだ。

26

クリニックはまさに、かつてエコーの声を聞き、神話の世界に紛れて散策した辺りの高層ビル街にあった。《果たして、ここが〈新しい入り口〉になるのか？》不思議な縁を感じ出した。さて、物語豊かな楽園に恵まれた神話世界に導かれるのか？それとも、希望も光もない行き詰まりを宣告される悲惨なときが、刻一刻と迫っているのか？ささいな症状でも、常に天と地に分かれる可能性を秘めている。ビル入り口の大きな回転扉に収まった時、私は、自分自身が成否を占うルーレットの球のように、円盤の中に投げ込まれた感じがした。

クリニックはビルの二十五階にあり、高速エレベータに乗ると、気圧変化で耳の奥が壊れる音がした。運命の破綻を暗示するような不快な音だった。考え過ぎだろうか？エレベータの扉が開くと、そこはすでにクリニックの受付と広々とした待合室になっていた。が、待ってる人は、他に女性が一人いるだけで、余計に部屋がガランとして見えた。寒々しさが募った。受付が終わってもなかなか呼ばれないので、待っている初老の女性と話した。

「どんな治療を受けるんですか？」

「耳の奥に注射してもらっているんです。ここの先生の発見らしいですよ。私は何回も受けていますが、だいぶ良くなってきました」

と、女性は答えた。それを聞いて、強張り切っていた肩の力が幾分か抜けた。

さらに二、三十分もしてようやく名前が呼ばれた。診察室に招じ入れられると、背の高い治療椅子に座らされた。格別高く不安定に感じられたのは、二十五階から外の眺めが、ガラス窓越しに見下ろせたせいだろうか。大都市東京の無数のビルが、貝殻のように地上に張り付いている。その中にまた無数の人間が住み、その数だけ悩みがあるというのは信じがたい気がした。悩み苦しんでいるのは、結局自分だけなのではないか？　沈黙した多数の人々が遠ざかって見えれば見えるほど、自分の痛みと苦しみは孤立して際立った。

マスクをした白髪の院長らしい医師が、現在の症状と病歴について尋ねた。きっちり五角形に角張った顔の医師は、無遠慮に私の耳介を引っ張り、耳の奥の診察をした。そして「うむ」と軽く唸っただけだった。どこか自信有り気なあっさりしたその態度に、私はむしろ信頼感を抱き始めた。こんなとき、相手の医師に対し、何事も良い方に取り始めるものだ。そうでなければ、とても体など、任せることはできない。（たぶん私は斬首の刑を受ける時、刀を持った執行人に対してさえ、同様の感情を抱いただろう）彼の高価そうな鼈甲の眼鏡縁の艶とか、むしろ不躾な言葉遣いすらも、味方に加えたい要素に取り込み始めていた。この医者もきっといい人に違いない。私の心は、怯える自分に対し、そう囁きたがっていた。その声に従い、私は突き出された「この治療の結果起こることに対して、一切異議を申し立てません」という書面に署名の後、覚悟を決めて目を閉じた。もう、そうする以外に無かった。

先ほどよりも強引に、医師に耳介が引っ張られると、耳の入り口から注射針が侵入してくる気配があった。ほぼ同時に、紙風船を押しつぶすようなパリパリいう乾いた音がした。直後、五寸釘をぶちこまれたかと思うほどの激痛が襲った。空気のかすかな震えさえ知覚する薄い膜に針が突き刺さるのだから、これくらいの痛みを覚悟すべきだったと思ったが、遅かった。間髪を入れず、薬液が注入されるジュッという音がした。プールで耳の奥まで水が入ってくる音を連想した。

この激痛だけでも脅威だったが、次に続く驚きの体験への通過点にすぎなかったのだ。

治療椅子に座っているはずの私の身体が、ふわっと宙に軽く浮き上がったのだ！　さらに驚くべきことに、もう一つの幻の身体が、治療椅子に座ったままの私から遊離したものだということが判明した。そして、浮き上がった私は、鮮やかに光る楕円軌道に沿って回転し始めた。

《なんという魔術よ！》

私の意識は無重力の身体の側にあった。地上の重みから全て解放され、興奮して誰彼なく誘って踊り出したい気分。不安定な治療台からも、二十五階の診療室からも解放されて、自由に大都市の宙を舞っている身軽さ。その目には、椅子にぐったりもたれ掛かった、腐った死肉のような私自身が映った。それくらい対照的に、浮き上がったもう一つの身体の側の光と円の回転は、自由の快感を伴った。

「こんなに素晴らしい回転をしているのがわかりませんか？」

と、宙空で回りながら、私は冷めた顔の医師と看護師に叫びたかったが、肝腎の声が出ない。

《不思議だ。なぜ、声が出ないんだ？》

生まれて初めて体験するほどの絶妙な舞いと回転だった。しかし、伝える術もなく、薄れゆく快感の中で、一人クルクル虚しく踊り狂うしかなかった。――しかし、熱い高揚が冷めるまでには数分とかからなかった。徐々に舞い上がった軽妙な私は、だらしなく横たわる自分の肉体の鞘に再び収まっていった。我に帰ると、そこには白けた顔の医師と看護師がいるばかりだった。・・・
・・・治療の成果よりも、驚きの体験の方がはるかに私の意識を占めていた。それを、一刻も早く杉原に聞かせ、彼の反応を引き出したかった。彼のあのとぼけた顔は、どう変わるだろうか？
少し遅れてカフェ「オイディプス」に彼が現れたとき、私の気持ちは溢れんばかりになっていた。

「それは、思ってもみなかった体験でした」

息急き切って語り出した私の体験談を、それでも杉原は顎を擦りながら無感情に聞いていた。そして私が語り終えると、

「ああ、なるほど。珍しい体験でしたね。それで、治療効果のほどは、いかがでしたか？」

と、冷淡と思われるほど落ち着き払って訊き返した。

「効果の方は今一つですね。副作用でしょうか、耳鳴りはむしろひどくなったほどで、風呂に入ろうものなら、ギャーギャーと、浴室一杯、耳鳴りで満たされてしまう有り様です。それでも、直接治療効果に期待するよりも、あの異常体験の方が、将来に向けて私をどこかへ引っ張っていってくれそうな気がしているのは、おかしいでしょうか？私は、やはりエキセントリックでしょうか？」

「まさかぼくに、あなたがそんなことを尋ねられるなんて！」

杉原は皮肉っぽく表情を崩して言い、それでもようやく私の方にまともに相対した。

「あなたにとっては酷な体験だったけれど、得るものもあったようですね。それだけの思いをした価値はあったようで」

「たしかに、十分に〈新しい入り口〉だったことには間違いありません。私自身が声になってしまったような目覚ましい体験でしたからね」

「あの眼科医を紹介したところから、ここまで、ともかく正解だったようで何よりです」

「ええ、それはもう恩に着ます。ところで、杉原さんは、どうだったのですか？」

杉原の顔は険しくなり、しばらく言葉に詰まった。思案の後、俯き加減になって口を開いた。

「私の場合、羽木田によって眼科器械で眼に読み取られ、映し出された情景は、それはもうショッキングで酷なものでしたからね。彼女、可愛い顔をしていながら、私の眼に見た事実についてはズケズケ言ってきましたよ。私が見まいとして直視するのを避けてきた現実と言ってもいい。彼女は精神科医ではありませんから、私のショックの度合いも慮らずに、直接、声の主でもある渦中の女が、他の男と逢い引きしている情景まであからさまに言ったんです。そして声が、ほとんどその男と一緒にいるところから発せられていたも同然だったという厳しい現実。さらには、私はもうとっくに彼女には相手にされず、女の声に変わった自分自身の罵り声が、自分に浴びせ掛けられていただけなのだという最も悲惨な、心底震撼とさせられる現実をも。そりゃあもう、涙も出ない状況としか言いようがありませんね」

「そんなことが・・・。その後、やはり羽木田さんは、あなたに新たな医者を紹介した？」

「まあ、そりゃぁそうなんですが。きれいに言えば、つまり、そんな馬鹿げた一人芝居から抜け出すための特別な治療、てことなんでしょうが、実態はもう」

そこで言葉を飲んだ杉原から、さらに話を聞くのが恐ろしい気がした。私も黙って彼の顔を見つめた。彼が気持ちを入れ替え話し出すにはしばらく間が必要だった。彼は、肘の小さな傷跡を示しながら、ようやく話し始めた。

「それは、ぼくの心の奥底まで掻き毟ってしまうような荒っぽい治療でした。それでもなぜ効を奏したか？

逆療法って奴ですよ。偶々そこで見た悪夢があまりにもひどかったものだから、逆にショックで、声のことなんか忘れてしまったと言えばいいでしょうか。実のところ、あんな女、恐ろしくって、あなたには紹介したくなかったのですよ」

と、憮然として言った。

「でも、あなたも、あんまり辛そうでしたからね。これも必要悪と思ったんですよ」

彼の言葉に、私は唖然となった。信じ難い成り行きだった。

彼が頭をブルブル振り、気を取り直して語ったところによれば、受けた〈治療〉と称する行為は、肘から何か注射され、朦朧となった中で、夢と現実を行き来しつつ行われた、未だに信じられない世界と出来事の連続だったという。その実態はこうだ。・・・

・・・その場所は、東京湾岸の埋立地の野っ原にポツンとある脳研究所みたいなところでした。まず、作りのみすぼらしさからしてひどかった。訪れて間も無く打たれてしまった注射のせいで、それからの事は真実とは思いたくないのですが。例えば、ガラス窓越しに、隣の部屋では、犬の脳を露出して電極を刺し込み、奇妙な実験が行われていた。何をしているのだろうと、ぼおっと眺めているぼくの眼前に、偏執狂じみた研究所長が現れ、いきなりホルマリン漬けの人間の脳を輪切りにしてみせ、得意げに自分たちの成果を語り出したりしてみせたものです。日本刀のような解剖刀によってスライスされた人の脳が、チャーシューみたいに目の前でコロンと転がったもんですからね。そりゃあもう、固まってしまって。悪い幻想にしたって、あまりに悪趣味でどぎつい場面でした。かと思うと、また例の犬の実験場面に戻り、やたら色っぽい助手が、妖しげな笑みを浮かべ、いたずらの電気を流したものだから、犬の身体が震えてマウンティングのポーズになったりしたんです。それはもう、最初から、怪しげな雰囲気たっぷりな悪夢に突き落とされる所でした。後に判明したのですが、その研究所の正体は、治療などとは程遠い、やってきた人間の脳から、快楽に関わる電気信号を吸い取り、何らかの麻薬作用を催すような新しい刺激回路を人工的に作って、それを闇取引しようという、とんでもないシンジケートを作ろうとしているようなんです。あの眼科医も、その片棒を担いでいたんです。昔は、純真な夢見る同級生だったたってのに！要するに、みんな善人面した一味だったたって訳です。

そんな中でも、我々は、微かな利益を求めて生き残っていくしかない。まぁ生きて帰れただけ幸せだと思うべきなのかもしれませんね。しかも、こうして甦ることができたんだから、まぁかなりましな方と納得するしかないのかもありませんが」

「そんなことになっていたなんて・・・」

私は実際声を失って、返す言葉もなかった。

「それで、私が転げ回った修羅場はといいますと、件の女が声優として活躍していたアニメの物語空間にも似た場所に投げ込まれ、地獄の怪物たちが蠢く中で足掻き闘うキャラクターそのものに変身させられてしまう、というものでした。言葉にすると、まるで面白いゲームみたいで、がっかりです。しかしそれは、コンピュータの仮想空間で遊ぶなどという生易しいものではありませんでした」

「そんなに荒っぽいものだったんですか？」

「ええ、それはもう。佐渡ヶ島の荒海で、岩にしがみついて世阿弥の魂に向かって叫んだ先へ突き抜けてしまったんです。つまり、暗黒の空に稲光が幾筋も走ったと思った瞬間に大波にさらわれ、荒れ狂う海中に巻き込まれてしまいました。海底に叩き付けられた途端、そこは海水ではなく羊水に充たされた幽暗な原始の海だと知れました。臍帯が岩に繋がった胎児のような化け物がふわふわ浮かび、目を半開きにして私を脅かしたのです。それはもう恐ろしいと言ったらありはしない。窒息の苦しさの中で、不気味さにとことん脅かされ、生きた心地もなかった。気を失うことすらできず、恐怖の極限まで連れ去られる修羅場の連続でした。涙も、叫びも、声も、感情も、あらゆるものが枯れてしまう恐慌の極致の体験とでもいいましょうか。もうあれに勝るものは今後ないだろうという自信があります」

「なんと言ったらいいのか」

「あなたの伝で言えば、いよいよ声が、その魔の素顔を露わにした時だったのかもしれませんね。末梢の血管や、腸管の間に張り巡らされた神経叢の網目の奥に眠る原初の恐怖の声がいよいよ揺り動かされ、ドスの効いた唸りを発し始めた瞬間という。その時、たぶん体は激しく痙攣し、のたうち回っていたのではないかと思います。終わったときには、ぼくの体は汚れたシーツに包まれ、身体中至るところに擦り傷ができ、節々が痛くてとても起きられる状態ではありませんでした。それはもう残酷を通り越したものでしたよ。しかしそれを境に、しつこい声はピタリと聞こえなくなったんです。あなたのカウンセリングの力と、あの眼科医の荒っぽさによって、ともかくぼくは、かろうじてここに至ることができました」

杉原の告白に、二人は向き合ったまま重い空気に包まれた。語り尽くしたせいもあったか、杉原からは何か煮え切らない、機を窺うような態度は消えていた。彼の話によって、私の体験は、さらに驚きを倍加されたような気がした。その一方で、私は、セラピストとしての無力さをも味わわされた。あの眼科医の大仕掛けに比べ、自分は杉原の話し相手か、あるいは寄り添う人として役に立ったに過ぎなかったのではなかったか？後は、ただひたすら沈黙するほかなかった。余計に、彼が語った驚きの体験が濃く甦ってきて、身体の奥底の芯から、胎児の頃の夢を呼び覚ますオドロオドロシイ慄きが込み上げてきて、私の膝までわなわなき出し、収拾もつかなくなりそうだった。

27

眸は、一滴の朝露のように澄んでいる。しかし、ただ透明に沈黙しているわけではない。無数の表情を持った海のようでもあり、流星瞬く宇宙の広がりをも感じさせる。何よりも決定的なことは、生きて内側から微光を放っている点だった。

私はその微光に導かれ、君の眸に微妙な気象の変化があることも見いだした。君の基本的な気分を、光明、淀み具合いに占い、晴れか嵐か（つまり快く心開く準備は出来ているか、あるいは、暴君に穢され打ちひしがれてはいないか）判断する。顔貌が与える印象よりも、一歩踏み込んだ気持ちを表しているのが利点だ。

君に会う早々、眸に目を凝らし、そっと顔を近づける。君は驚いて身を仰け反らす。《それもそうだろう。あまりにも唐突過ぎる》眼を通じた対話に残りの希望を託していることを承知の上とはいえ、さすがに焦り気味の私には、辟易の様子。しかし、――偶然の際どい体験で見いだした対話の試みは、これまでとは違った次元の奇跡の可能性を含んでいる――この直感が私を衝き動かし、意欲が挫かれるどころか、むしろ高じていた。

ただでさえ、世の中には、根拠もない（がしかし、願えば通じるというふうな）奇跡で溢れ返っているではないか。例えば、末期癌を宣告されながら、奇跡的に完治した例など枚挙に暇がない。また私は、歴史の層に織り込まれた、密かに力付けとなるエピソードを好む。例えば、応仁の乱の原因ともなった富子と義尚との間に生じた奇跡。自らの子義尚を将軍に担ぎ出すため、病に陥った彼を富子は必死で看病し、一ヶ月の闘病の後、奇跡的に回復させた。短命でその後再び身を窶す羽目になったとはいえ、遊蕩に染まりつつあった義尚も、人が変わったように心を入れ替え活躍した。

現代科学は、ほとんど飛躍的な奇跡が日常になっている。間も無く失った四肢でさえ再生医療によって復活可能になろうとしているし、IPS 細胞により人工網膜を作って失われた光を取り戻したり、パーキンソン病ですら治癒の可能性がもう現実のものとなった。

そこまでの奇跡は未知数だが、私の方法には、かなりの希望が持てた。実際、君との新たな対話は、少しずつ進展の兆しを見せている。手探りの感覚が不安だが、同時に、限りない好奇心を駆り立てもする。私は、久しぶりに、君の前で夢中だった。いささか面食らい気味の君自身を、置き去りにしてしまうほど。

いきなり従来の次元を超えている突飛さこそ、さすがの専制君主すら出し抜けるきっかけになるのではないか？ それこそ〈異次元への入り口〉とでも言えそうな、新奇の侵入経路だからこそ！ そのタネは、ダイヤモンドのカット面から滑り込むように、眸のきらめきに導かれ、君の心の中に侵入するという、胡散臭さ芬々のまやかしと紙一重ぶりなのだが。印象はともかく、多面の切り口から自在に入り込めさえすれば、それだけニュアンス豊かな対話ができるはずだ。

そんな大それたことのためには、さぞ大仕掛けが必要と思いきや、現実は、たった一本のペンライトだけで十分だった。それも、必要な折りだけ、君の（あるいは、私の）眸に斜めの角度に光を射し入れる。君の眸の輝きが、元々多面で多彩なのが幸いした。私は、その反射光を受け止め、自分自身のプリズムを通して色彩分別（有り体に言うと、そんな感覚だった）をして読み解き、また君に返す。

私と君との対話は、俄然、活気付いた。自室のベッドに引きこもり切りだった君を、ともかく食堂ホールまで誘い出すことができた。そこでの二人の対話を見た人は、じゃれ合う猫のようだとも言った。

しかし、ここまでの進展は、私自身が遮二無二突進したばかりによって導かれたものでないことが（実に、私自身驚愕すべきことだったが）、やがて見えてくる。それは、思ってもみなかった新たな君の姿の発見につながった。

そのきっかけは、眼の対話の中にある、見逃してしまいそうな、瞬時の動きだった。シャイだが、きらりと煌めくある眸の閃きだけ、君は誇示した途端に隠すような素振りがある。《これって、何かを最も強くアピールするサインじゃないか？》その予感に、私は奮い立った。――その結果、ついに私は、君の眸の奥に、しゃがみ込んで小さく蹲る君の姿を見た！ それは、眸の一隅で織りなされる光のカット面の微妙な綾で、私の視線を向けると恥ずかしそうに揺れる光の具合から読み取れるニュアンスだった。それをメモとスケッチで補完して読み解けた。

私は叫び出したいほどだった。君自身、実は、眸の片隅にしゃがみ込み、遭難者のように絶望的な嘆きを発し続けていたのではなかったか？君の声を聞く者が、まさか現われるとも思いもせずに・・・？

君もさすがに眸を輝かせ、大きく頷いて共感を示した。この発見は、私と君との距離を一気に縮めた。

君の眸へのこだわりも、後押しされる格好になった。向き合う時間が増えると、滑らかな角膜の球形表面がプラネタリウムのドーム型天蓋にも見え始め、天体観測をしているような気分になることもある。私はまた、雪深い山奥へ行って、吊り橋を揺らしながら仰いだ満天の星空を想った。かつて君が思い描いた遠い惑星の物語を、それらの星々に託して読み直せそうだ。眸の煌めきの頂点、すなわち北極星を中心にして物語の星座も巡り始める。あの、君の理想郷の惑星に住む主人公、ジージオルジが結局結婚できなかった物語。君が食堂ホールの片隅で身を強張らせ、じっと思いを馳せていた時の星辰の宇宙を目の当たりにしている思いがした。

眸に正面から向き合うと、暗室で黒くぬめった瞳孔を拡大して眼前に、飲み込まれそうになった記憶が直ちに浮かんだ。が、君の引き絞られた瞳孔には、むしろ宇宙の神秘のブラックホールを見た。それは、赤や黄に自由に瞬こうとする星々を吸い寄せ、飲み込もうとしていた。星々の必死の抵抗にもかかわらず、丸い穴の闇の奥へ次々渦巻きながら飲み込まれていく。――ひょっとして、自由に羽ばたこうとする君自身が、暴君に飲み込まれる瞬間の情景ではないか？まさか、それをついにこの目で捉えた？天文学の世界では、次元の異なるものは目に見えず、重力だけしか感じられないそうだが、これまで暴君の気配だけで姿も見えなかったのは、それと関わりがあるか？証明する術も思いつかないが、もしかしたら貴重な目撃かもしれない。

何よりも、刺々しい絶対君主の尻尾を捕まえたような感触は、初めてだった。心揺さぶる事件だった。ひょっとしたら、さしもの独裁者も手の届かぬ経路を通じ、暗号のように君自身に目配せを送ることも出来るようになるかもしれない。久々に山気（それも現実味のある）をそそられ、してやったりの小気味良い笑いを堪えきれなかった。今のところ、あれほど敏感に弾圧の手を伸ばしてきた独裁者の露骨な妨害もなく、対話の通路は着実に広がりつつあった。声の災いを、周りから少しずつ埋めていく気長な作戦の開始だった。

例えば、眼だけで喜怒哀楽を表現できるのはもちろん、それを組み合わせれば、簡単な誘いや予定などの交換も、ほぼ間違いなく伝わる。

〈今日はいい天気だね！気分はどう？もし体調が良ければ、外に出て運動ができるといいね〉

微笑で挨拶と短い会話を交わしつつ、あと一歩踏み込んだ対話を試みる。最初、この段階には抵抗もあった。が、今は、驚きと不審に硬くなっていた君も、もう過去の姿となった。未だ楽観は出来ないが、君の眸は確かに多くのことを語り始めている。

〈食欲はあるかな？ご飯はおいしく食べられる？・・・そして、もう一人の君は、近頃どうかな？〉

さすがに君の表情は曇りかける。しかし、眸には輝きが増し、顔全体の表情も微笑に変わり、〈大丈夫〉と言わんばかりに首を振って見せた。

君は部屋から出てきて、君の方からしばしば私に働きかけるようにもなった。ちょい、ちょい、と私の肩を突くのを感じる。振り向くと、君が佇んでいる。そして君は、照れるように私に微笑み返す。口からは、一言も発せられはしない。しかし私たちの間には、眼による多彩な微笑の交換という対話が生まれた。そのニュアンスの多様さは、想ってもみなかったほどだった。君からは、今まで見なかった柔和な表情もこぼれるようになった。

「こうしてみると、君はなかなかハンサムだね」

と、つい口を滑らしてしまった。君はさすがに驚いたような顔をした。私は少し勇み足を踏んだような気がした。しかし、流れを乱す失態には至らなかった。

君が心開く機会が度重なった。《これを繰り返していけば良いのではないか》私は、何かを掴んだ気がした。無理に君の口をこじ開けることなどなかったのだ。たったそれだけのことに気付くために、どれほど遠回りしてしまったことか。

28

その後、私は杉原に会わなかった。セラピーに区切りが付き、会う要件も無くなったという感覚だった。意外にも、私は大切なものを失ったような空虚に襲われた。

私は、かつて君と初めて出会った頃、神話の人物と融け合う恍惚の境地で彷徨ったビル街を歩んだ。そこは最近、例の内耳に処置を受け、肉体と魂の分離をするという驚異の体験をして、まさに〈新しい入り口〉となった因縁の都市空間でもある。

杉原が私に残したものは、思いの外重くもあった。その表れが、この足のだるさ。そして耳の奥にこびりついて離れない彼の酔いどれの唄。

「あばら骨をアコーディオンの蛇腹のように伸縮して声を奏でましょうや！ ららら～」

思わず私の足は彼の千鳥足さながらよろめいて、気分もさらに酔いどれの唄の先へと進み入る。彼が酔い潰れ、気を失う寸前に、唄はむしろ伸びやかになる。

「この愚か者、この世間知らず、怖いもの知らず！ 声の本当の恐ろしさを知らずに近づく大莫迦者よ！ ららら～ 声の底知れない力を知りもしないで、軽々しく挑戦したお前たちの浅知恵は、必ずそのしっぺ返しを受けるのだ！」

かつて、ビル街の奥からエコーの声が木霊してきたように、ひどく音程のはずれた杉原の唄声が、私の神経を逆撫でする。唄声は重層し、耳の奥で木霊の波となって繰り返し押し寄せた。

「ららら～ 声の報い、しっぺ返し、執念深い声、と皮を削ぎ落とし、さらに露わになるのは真の言霊。あああ～ 声にこもった魂の恐ろしさを、お前たちは知らぬまま声に近づいた。ららら～ 声の呪いに触れたお前たちは、声の恐ろしさに祟られた犠牲者なのだよ。それも知らずに、声に立ち向かうなんて、なんという蛮勇だったことか。あああ～ 何度も言わせてもらうよ、お前たちは、本当に浅知恵だったと。その犠牲者なのだと。ららら〜ただ、この地獄を無事に巡り終えたからといって、今後のことを保証するわけじゃない。お前たちのことなど知ったことか。声は、そんなに甘いもんじゃない！声を舐めるんじゃない。ららら〜」

強弱を繰り返す木霊と同時に、私が傍らに感じたのは、泥酔し私の肩にもたれかかる杉原の重味だった。・・・

・・・最後にカフェ「オイディプス」で会った日、去り際に、彼が頭をもたげて沈黙を振り払い、言った言葉が甦った。

「今や、ぼくを嘲笑ったあの女を、見返してやるには余りある力さえ手に入れることができましたよ」

危なっかしさのかけらもない、虚勢さえ張って見せる顔付きだった。思えば、顔全体、数ヶ月前とは見違えるほど色艶を帯びていた。ぶ厚い眼鏡からコンタクトレンズに変えたせいだろうか、眼は清々しさを取り戻し、あの、人の心をえぐるようだった険しさは消えていた。逞ましい甦りとしか言いようがなかった。

もし彼が、私と偶然出会わなかったら、今頃どうなっていただろう？私は懸命に想像を働かせた。が、それも虚しかった。それよりも、個々の出来事の驚きの方が次々に浮かび上がってきた。しかしそれも懐かしい思い出の色合いに染まりつつある。何事が起ころうと、それは常に必然の成り行きだった。

しかし、私の中でひとつだけ、新鮮味を失わない好奇心と関心が向かう対象があった。それは、人が心込めて発した声が、どのようにして永遠の木霊にまで変貌するのかということ。君が発した初めての愛の告白は、どこかで木霊し続け君を苛んでいるのだろう。杉原が佐渡ヶ島の荒海で巌にしがみついて発した叫びは、きっと今も海上を彷徨っているのだろう。世阿弥の怨念もしかり。――それらが永遠の木霊にまで変貌し、神話の中の声のように不滅のものとなって響き続けるためには、やはり数々の淘汰を潜り抜けなければならないのか。声も、悔恨やら怨念やら、回想が幾重にも重なり合い、消えない木霊に変貌していくのだろうか。

私の勝手な空想癖は、鬱蒼とした森に包まれた古色蒼然と朽ち果て、今まさに崩れようとする神さびた廃屋の情景へと導いた。怪獣の雄叫びのような軋みを発して廃屋が崩れ始め、ついには跡形もなくなった埃舞う空虚に、響き続ける低い唸りのような声が聞こえた。それは、この廃屋に篭り、朽ち果てるまで守り続けてきた魂の声だと知れた。声は森に放たれ、より深い色合いを帯びて梢や葉陰に染み渡り、身を忍ばせる。そして、敏感な耳を持った人と出会うと声は受け継がれ、その心の洞に木霊し続ける。木霊は、記憶が積み重なり、醗酵され、朽ち果てるまでに至ると、伝統とかご先祖の味わい濃く熟成された重厚さをまといながら、控え目に反復しつつ響き続ける。・・・

杉原とはあれほどの体験を共にしながら、今後それを分かち合う機会もないだろう。その方が互いに良いことは自明だった。特別な友達になれた訳でもない。今までで最も親しく、深い部分を共有できた人のような気もするが、たぶん、一時的な錯覚に違いない。逆に、知らずに済めば良い部分までさらけ出してしまって、互いに傷つけ合った可能性すらある。これからは、別々に深く体験を心の奥に蔵って、長い年月をかけて独りで反芻するしかないのだ。

寂しそうな眼の表情が、彼にも現れていた。私もすっかり〈眼の言葉〉を読むのに慣れていた。離ればなれになっていく不安や寂しさを、露骨に語っていた。これからもっと厳しい困難が待ち構えているのは必然のことだった。が、それも各々、新たに独りで立ち向かっていく他ない。・・・

いつの間にか足が向かったのは、カフェ「オイディプス」だった。

杉原といつも向き合った席の方へ、自ずと向かってしまった。そこに座ると、約束もないのに彼が現れそうな気がするのが妙だった。

「声は、そんなに甘いもんじゃない！声を舐めるんじゃない。ららら〜」

耳の奥で、彼の酔いどれの唄のルフランが響き続けていた。

なぜか私は彼と出会った最初の場面を思い出し、鞄から背表紙のよく目立つ分厚いセラピーのテキストを引っ張り出すと、テーブルの上に放り出した。

正面の空席に心許なげな彼の姿が現れ、その声までもが甦る気がした。彼が実際に語っていた時よりも、その気持ちが沁みてくるようだった。嫌でもより深く回想に耽りだした。疲れと喜びと寂しさの入り混じった感情に、深く浸っていった。涙が滲んだ。

と、その時、隣席から話しかけてくる者があった。振り向くと、出会った最初の頃の杉原を髣髴させる青年が佇んでいた。

「ちょっとご相談したいことがあるのですが、よろしいですか?」

彼がセラピーのテキストに目をやりながら訊いてきたとき、私は「どうぞ」と、前の席を勧めながら、心の中で、《なんてことだ!》と叫ばずにはいられなかった。

「いいですよ。どんなご相談にも応じましょう」

青年は、待ち構えてでもいたような私の反応ぶりに、驚きの顔を浮かべた。

「あなたがどんなことをお訊きしたいか、すでに私にはわかる気がします。その答えを、一方的かもしれないけれども話しましょう。近頃世の中にはびこり始めた絶対君主よりも独善的だけれど、たぶん私の方がマシでしょう。きっとあなたは、自分の声で話す機会を持ってこられなかったのだと思います。あなた自身の声で話せるようになるまでの物語を、つぶさに語って聞かせましょう。ちょうど今、私は一区切りついたところです。よいタイミングで、生の言葉で伝えられそうです。いいですね?」

私が言うと、青年は身を仰け反らせ、懇願する顔つきから挑発的な表情になり、「ええ、伺ってみましょう」と、低く抑えた声で言った。私は青年の態度の変化に、怒りに近い感情を覚えた。言葉にもならない罵り声を発し、胸ぐらを掴まえ、

「いいか、どこのどいつだか知らないが、これは、たった今まで私が命を削って得た貴重な体験なのだぞ!耳の穴をかっぽじり、目ん玉を見開いてよく聴けよ!」

と、ついには叫んでしまいたくなるような衝動が湧いてきた。かろうじて行動は押さえたものの、にわかに険しくなった私の形相に、青年の頬が細かくヒクついた。

私はお構いなしに、彼に向け、事の始まりから語りだした。私の気持ちは盛り上がってゆき、一方、青年の顔は怯え、縮こまっていった。しかし私は躊躇わず、「癒しの家」での君との出会いから始まって、杉原とのこの数ヶ月の間に起こった出来事や私を襲った一連の事態を、ほとんど息も継がずにまくし立てた。青年は呆気に取られていたが、逃げようとせず、大きな眼を見開いたまま耳傾けた。

私は一時間近くも淀みなく話し続けただろうか。あらゆる細部まで話し切った気がした。いちいちの場面で、青年の心がそれなりに強く動かされている様が窺えた。しかし、私はその感想を聞くまでもなく、

「さあ私はもう新しい生活に戻らなければならない。あなたとここで毎週お会いする気がないので、この話を参考に、あなたは新しい生活に飛び立って欲しい」

と言った。青年は呆然となったままだったが、か細く涸れた声で、

「ちょっと待ってください。ぼくにも一言いわせてください」

と言って、勝手に私のグラスの水を飲み干した。一息つき、彼は、

「さすが、セラピストとお見受けした方だ。ぼくの悩みの核心を貫くアドバイスを手短かにしてくださいました」

と、先ほどとは見違える丁重な姿勢で言った。

「自分だけ話してしまいましたが、お役に立ててよかった」

私は、自らの憤りを青年にぶつける格好になってしまったのを済まない気がして、改まった口調で言った。私の構えが和んだのを見て、青年は続けた。

「ぼくの場合は、声にまで純粋培養された高尚な悩みではありません。ただ高望みした結果、不本意な失業の身分になり、プライドも何もかも滅茶苦茶になった自分をどうしたらいいか、アドバイスをいただきたかっただけなのです。しかし、お話しを伺ううち、自分の心の声を聴き、しかもそれをこの眼で確かめてみたくなりました。ぜひその魔女か魔法使いとおっしゃる、〈新しい入り口〉への誘惑者のような眼科の女医先生を紹介してはいただけませんか？」

私はさすがに驚き、青年の顔を見つめた。

「いいですか？　今私がお話ししたように、これは遊びでも冒険でもない。とてもお勧めできるような代物じゃあない。一か八かのとんでもない大博打のようなものなんです。そんなものに、大切なご自分の将来を賭けてはいけない。私の話しは参考だけにして、あとはまともなカウンセリングを受けて欲しかった」

「いいえ。ですからなお、ぼくには賭けてみる価値があると思ったんです。実は、この命を捨てようと思っていたところだったんです。楽に死ねる方法だけを模索する、最後の暗黒の数日を過ごしていました。でも、やっと光が見えた気がしたんです。楽に死ぬより、一かハかに賭ける方が、ぼくにとってははるかに有益だとは思いませんか？　是非お願いします」

《なんということだ！》青年の応えに、私は唖然となった。痩せ細った顔の中で、その眸だけは活き活きと輝いている。《こいつは、本気だ》

「ぼくの心の声をはっきりこの眼で見て、どんなに厳しくても、〈新しい入り口〉を潜って甦ってみたいものだと思います」

　彼は、さらに迫った。もはや私には断る術もなかった。ポケットから手帳を取り出し、あの眼科医の連絡先をメモして渡すと、

「恩に着ます」

と言って、彼は深々と頭を下げた。それから彼は、弱り切った体から力を振り絞り、両手をテーブルに突いて立ち上がると、ふらつきながら向こうの席の方に去っていった。私は、思いがけない成り行きに、心の底から嘆息を吐いた。青年の後ろ姿に、また一つどんな事件が始まるのかという思い（なぜか嫉妬にも似た）と、淡い後悔が入り混じった複雑な気持ちに陥った。と同時に、にわかにまた言い知れない空無を感じ始めた。

29

「癒しの家」でのセラピー記録室で、私はすっかり分厚くなった書類に経過を書き留めていた。そこに書く言葉も、無言の君の様子を記載する言葉から、対話形式のものへと、明らかに変わってきた。私は、今日一日の対話の内容（もちろん眼の対話も、正式にきっちり記載した）を書き終え、書類を繰りながら、その変化を辿ると、自ずとこれまでの出来事の思いに引き込まれた。最初の頃、ただ戸惑うばかりの自分の気持ちが透けて見えるようだ。さらにページを繰るうち、字間から、杉原と出会った頃の状況が重なり合って甦ってくる。未だ覚めやらない声についての感興が、こんな場所にいても、耳の奥の蝸牛をくすぐり、のっそり目覚めさせて甦ってきそうだった。私は手を止め、また一歩奥の回想の階段を下り始めた。・・・

・・・杉原の場合、毒には毒を、という具合に、声の毒気を荒療治で制圧したようなものだった。私も、一連の驚きの経過と意外な処置によって、小さな困難の回路（地獄などと、大袈裟なことは言えまい）を一巡りした。これも、たぶん将来に待ち構える壮大な困難に向けての、ほんの助走に過ぎないのだ。それは、占い様もない確実なことだ。だいいち、人には間違いなく等し並に死が待ち構えている。それを大往生と捉えようが敗北と嘆こうが、結局私に起こることには、さほど大きな変わりはない。生理的な機能の停止。すなわち、全身の末梢から中枢に向かって魂を絞り出してきた声を発する全機能が停止するということ。新たに未来に向かって声を発しなくなること。それがすなわち死が持つ大きな意味のように、今、にわかに迫り出して感じられるようになった。そして、人は生前に発した声を、絶えずどこかで木霊し続けるのだ。

私の中でも、相変わらず脅かすような耳鳴りが唸り続けている。しかし結果は、ただそれに、無関心でいられるようになっただけのことだった。だが、その中でも、皆、少しずつ変わっている。君は声を発しないままだが、眼を突破口に対話の道も広がり、暴君を攻め落とすための外堀も、埋まりつつある観すらいる。

ある。杉原は、内面のことは定かでないが、少なくとも外見は別人のように甦って飛び立っていった。

皆、這うようにヒタヒタと歩み続けている。かろうじて、ほんの一段高いところに達することができたばかりだ。しかし、相変わらず前方には、誰も歩んだことのない薄暗い細道が、当てもない彼方に伸びている。

結局こんなふうにして、人は否が応でも歳を重ねていくのだ。《これだけ七転八倒しておきながら、人生のほんのささいな部分にだけ、達観できるようになったに過ぎないのか》報われない気持ちが膨らんだが、それは自分だけの価値観のせいだとも、よく納得していた。《一連の体験を、素晴らしい冒険をしたとでも、きっと世の中には羨む者だっているにちがいないんだ。たぶん、あの新たに話し掛けてきた若者のように・・・。広い世間ってのは！》

自問自答を繰り返している時、ふいに、まるで私の思いを悟りでもしたか、棚橋先生の方から珍しく話しかけてきた。それも、先生らしくない快活な顔で。

「レポート、読みましたよ。興味深かった。特に追記の、あなた自身の感想がよかった」

私は、君とのカウンセリングの経過を、最近レポートにまとめて提出していたのだ。しかも、杉原とか私個人に起こった出来事をも含めて、その経過をつぶさに感想として付け加えていた。棚橋先生は、眼に新たな言葉を読み取り対話する試みが、特に面白いという。

「あれは、もしかしたら新しいコミュニケーションの方法として、一つの素晴らしい論文が書けるかもしれませんね。私もバックアップしますよ。あなたの博士号論文になるかもしれない。今度、大学院の教授に会いますから、そのテーマについてお話ししておきましょう」

私は何か寒々しいものを感じ、冷め切った空気に周りを包まれた。

「博士号なんて、考えながらやったこともありません」

私が即座に答えると、棚橋先生は言葉に詰まった。

「いや、それでもいきなり難しい人を相手にして、せっかくここまで頑張ったのだし。しかも、新しい知見が開かれそうな手柄まであげて」

私を説得しようとする先生の表情には、《いつ弱音を吐くか、ヒヤヒヤだったよ》と言わんばかりのものも表れていた。私は、カフェで新たな青年が相談を持ちかけてきた時同様、なぜか、心の底から無性に押さえ難い感情が溢れ出しそうな気配を感じて、先生にさえ「そんなつもりは毛頭なかったんです！」と、食ってかかりそうな口調で言ってしまった。

「ああ、博士号とか、いきなり下世話なことを言って、気に障ったかもしれませんね。しかし、私には、もっと根本的に大切な発見があると、言いたかったことがあります。それはあなたが発見した、〈声は消えない〉ということ。それは、声が神々の世界にまで通じることを発見したのだと思います。声が、いかに神に近いかを実体験してみせた、というか、声を通じて神々の世界にまで触れることができたんですね。——それは、とても貴重な発見だったと思います。あなたは大きな人間の成長を遂げたのだと思います」

そう言う棚橋先生を、私は下の方からじっと見返した。《この私が人間的な成長を遂げて、声から神々の世界に通じる道を発見したですって？》私の唇は震え出した。

「そんな大それたこと・・・そんなつもりはなかったんです」

ついに私の得体の知れない感情が溢れ出した。たぶん、私は険しい形相になっていたと思う。その場の空気は、相当に気まずくなっていた。もしかしたら私は、言葉にもならない叫びを発していたかもしれない。そこまでは覚えていない。先生のひきつった顔だけがこびりついている。

私は先生の前から踵を返し、自分の面接室に向かって駆けだした。部屋に飛び込むと、後ろ手に勢いよく扉を閉じ、机に突っ伏した。呼吸が乱れ、胸が引き絞られる圧迫感を覚えた。かつて、どんな肉体的、精神的窮地でも経験したことのない胸苦しさだった。

《声から、神々の世界へ通じる道を見いだした、だって・・・？》

閉じた目蓋の裏に、岩にしがみついて吠え叫ぶ男の姿が浮かんだ。佐渡ヶ島の荒海に向かって喚き散らす杉原だった。続いて、戦艦の血の海で悶える若い兵士の姿が浮かんだ。居酒屋の即席能舞台に立った老人が、若い頃の姿だった。彼らの喚く姿に神々しいものを感じた。彼らの声は、心底腸の奥から絞り出されたもので、荒ぶる神々をも震撼とさせるに価するものだったろう。彼らの声は日常の空気をつんざき、天に達したはずだ。彼らはそれを成し遂げた。神々の世界へ通じる声を発するなど、並大抵の覚悟で出来るものではない。棚橋先生にふいに言われた言葉がヒリヒリ赤剥けの傷に沁み、気分が容易に鎮まらなかった。

机の上に突っ伏したまま、どれほど呻いていたか知れない。——岩にしがみついた杉原の姿が、溶け出し宙に浮かんだ。戦艦の甲板で血の海に浸り悶え苦しむ若い兵士も、溶け出し宙に浮かんだ。柔らかな毛玉のようになった姿たちは自在に接合し、新たな極やわの塊となって増殖し、光の玉になって、それが何か神々しい輝きを放ち始めた。空高く上り、柔らかな雲になって眩しい光を降り注ぐ。《これが神だ！神々の姿だ！》誰かが叫んでいる。棚橋先生の声か・・・？私は、確かめようもなかった。思いは脈絡なく入り乱れ、深い闇の波間で慌ただしく浮沈を繰り返した。相当の時間、私は身動きもならなかった。私は幻にうなされながら、突っ伏したまま中途半端なまどろみに落ちていったようだ。

重い上体（宙を自在に舞っていた夢と幻が、確かに突っ伏した腐肉に吸われ、還っていく感じがした）を、ようやく机から起こすことができたのは、どれほどの時間が経った後のことだったろう。肌に冷たい汗が滲んでいた。

私は頬を叩いて意識を甦らせ、回転椅子を回して窓の外を見遣った。前庭の芝生を突っ切る通路を職員が足早に行き交う。向こうの欅並木の方から、傾きかけた陽光が、いつにもなく眩しく感じられる。たちまち深山の純白の雪に反射した光を思った。連れて、耳元には、山の宿の老女が経を唱える声が甦った。陽光の中に、数珠を擂り合わす艶々の手も甦り、読経の声は強弱を繰り返しつつ途切れることなく連なっていく。消え入るかと思うとまた強まり、声の波動は白い息の渦となり、やがて人の形となって、別れた人、消えた人、死に別れた人たちを甦らす。

「あばら骨をアコーディオンの蛇腹のように伸縮しながら声を奏でましょうや！ららら〜」

杉原の酔いどれの唄まで流れ出し、経の声に深い翳が成されて、いよいよ甦った人々を勢いづかせる。人々は、深酔いの足取りで舞い、経と唄声の流れに和し、陽光さんざめく彼方の渦に向かって飲み込まれていく。私も、その声に動かされ、光に向かってふわっと体が浮き上がるような気がした。

鼓膜に針が刺され、内耳に注射されたとき、分離したもう一人の自分の軽さを思った。あの時分離して、魂の抜けた自分を見下ろして笑っていた軽妙なもう一人の自分は、声だけになり、存分に酔っ払って舞っていた自分だったにちがいない。皆、誰しも自分独特の声になり、目一杯えい痴れることができるのだ。私は、新しい耳を獲得し、歓喜に踊り叫ぶ自分の声を聞いた気がした。

「ららら～！」

声になった人々が、私の耳元で唄い、私に向かって語りかけ、かと思うと、突然叫び出す。そしてまた深い沈黙。しかし、耳の底で流れ続ける読経の声の強弱に従って、再び同様の繰り返し。私は、生きている限り、この驚きと哀しみと孤独と苦しみと、諸々の声の無限の反復を聴き続けるのだろう。そして、やがて私にも訪れる生命の果て。その時、やはり私も、声だけの存在に連なり、光の中、無数の不思議な声が木霊し合う群れに向かって、目一杯輝く声の翼を広げ羽ばたくのだろう。

思ううち、欅の隣のアカシアの梢から、翼持つ妖精が現れ、何やら叫ぶと、その声の中にまた翼持つ天使、楽隊、叫ぶ妖精が現れ、純白の翼を眩しく羽ばたかせ、にぎやかな群れは渦巻き、さらに楽隊、翼、叫びは増殖し、陽光の煌めきの中でクルクル回り出した。

「あばら骨をアコーディオンの蛇腹のように伸縮しながら声を奏でましょうや！ららら～」

不思議な楽隊は増殖を繰り返し、今や視野一杯の空を占めるまでになった。にぎやかな楽隊から響くラッパの音、ざわめき、叫び、歌声、それらはひしめき合って渦巻き、未来永劫、続くものであり、私からは決して離れることがないものであることを、殊更高らかに誇示でもするように声音を高め、目まぐるしく回り続ける・・・

小山右人、著作者

小山右人（こやまゆうじん）洋画家・小説家・医学博士。新潟県生まれ。医学部在学中の1973年「新制作展」に第一室二点入選。翌年銀座で初個展。1978年パリにて個展。2011年「青木繁記念大賞西日本美術展」入選。心身の医療に幅広く携りながら小説も執筆する異色の作家である。1996年小説『マンモスの牙』にて「第28回新潮新人賞」を受賞。2009年小説『孵化』と同題絵画の合本を上梓。2013年フランスにて日・仏・英語で翻訳出版される。2015年小説『珠』の日・仏・西・英版を出版。同年イタリアのアーバノ・テルメにて個展。2016年小説「熱帯植物館」の仏版を出版。

小山右人著作者の別の作品

「孵化」

和版　２０１３年
英版　２０１３年
仏版　２０１３年
日英二国語版　２０１６年

「珠」

和版　２０１５年
スペイン語版　２０１５年
仏版　２０１６年
英版　２０１６年

「熱帯植物館」

仏版　２０１６年

カバー

「翼に抱かれて」

小山右人

キャンバス/アクリル、油、テンペラ
227x158mm、２０１６年

「声」 たった一度の愛の告白に賭けた声 esthétiques 版

2017年 4月 27日 第１刷発行

著者 小山右人《こやまゆうじん》

発行社 esthétiques

発行所 545B Avenue Marcel Pagnol
84110 Vaison la Romaine
FRANCE

ISBN 979-10-95769-17-0 Printed in the USA